青岛市青年发展蓝皮书

（2017）

主　编：刘富珍

副主编：赵宗金　田戈燕

中国海洋大学出版社

·青岛·

图书在版编目（CIP）数据

青岛市青年发展蓝皮书.2017/ 刘富珍主编 . —青岛：中国海洋大学出版社，2019. 1

ISBN 978-7-5670-1879-2

Ⅰ. ①青… Ⅱ. ①刘… Ⅲ. ①青年工作－研究报告－青岛－ 2017 Ⅳ. ①D432. 6

中国版本图书馆 CIP 数据核字（2019）第 016074 号

出版发行	中国海洋大学出版社			
社　　址	青岛市香港东路 23 号		邮政编码	266071
出 版 人	杨立敏			
网　　址	http://pub.ouc.edu.cn			
电子邮箱	44066014@qq.com			
订购电话	0532-82032573（传真）			
责任编辑	潘克菊		电　　话	0532-85902533
印　　制	青岛国彩印刷股份有限公司			
版　　次	2019 年 11 月第 1 版			
印　　次	2019 年 11 月第 1 次印刷			
成品尺寸	170 mm × 240 mm			
印　　张	11. 75			
字　　数	224 千			
印　　数	1—1 300			
定　　价	58. 00 元			

发现印装质量问题，请致电 0532-58700168，由印刷厂负责调换。

目 录

Contents •••

第一章

青年发展综合状况调查

一、调查简介

按照习近平总书记"办好一次会,搞活一座城"的重要指示,青岛正处在加快建设开放、现代、活力、时尚的国际大都市,打造山东面向世界开放发展的桥头堡的关键时刻,对我市青年发展和共青团工作提出了更高的要求。为了贯彻落实中共中央、国务院《中长期青年发展规划(2016—2025 年)》,进一步理清我市青年的发展现状和需求,为市委、市政府制定我市青年发展政策提供客观依据,为我市共青团工作提供参考,进一步推动我市青年事业的全面发展,青岛市团校启动了《青岛市青年发展蓝皮书》研究项目。

本次调查研究主要探讨"青岛市青年的发展状况",主要研究对象是 18～35 岁之间的青岛市人口。根据第六次人口普查数据,青岛市该年龄区间的常住人口共计 262 万余人,超过常住人口总数的 30%。其中,男性为 131.82 万人,女性为 130.24 万人,男女性别比约为 101∶100。本研究中,青年发展状况主要包括人口、教育、职业状况、公民参与、社会公德和责任感、青年犯罪状况、婚姻恋爱、新媒体运用、性意识和教育、身心健康状况、闲暇与消费状况、人际交往、政治参与、信仰状况、公共文明、志愿服务等方面,涵盖了目前青年研究的大部分主题。

本项研究主要采用社会调查的研究方法,运用问卷调查及结构式访谈收集数据资料,借助专业的统计软件对量化的数据进行统计分析,对收集到的定性资料采用分类的方法进行文本资料的归纳与总结。

项目研究成果以《青岛市青年发展报告》蓝皮书形式公开出版，报告由1个总体状况报告和10个专题报告组成。

基本状况报告主要是对一般人口社会特征的分析，具体包括人口结构（性别、年龄等）、地域分布、行业分布、教育状况、经济收入、就业状况（含流动率等）、阶层分布等，主要考查分析了青岛市青年发展的一般概况。

专题报告主要以共青团职能、青年社会问题热点等为依据划分，涵盖青年群体的个体发展、政治参与、社会参与、人际关系、工作家庭、自我认同、生活质量等方面。

2017年1月青岛市团校启动了《青岛市青年发展蓝皮书》研究项目。7～11月份，在全市范围内开展了青岛市青年发展状况综合调查（QDYDS2017）。该研究项目的问卷调查和数据统计分析工作由青岛市团校主持，中国海洋大学社会调查实验室负责具体实施调查。根据2016年青岛市常住人口统计数据以及各区市人口比例确定抽样数据，按照国民经济行业分类（GB/T 4754-2011）的标准，根据从业人数比例划分抽样单元数量，历时4个月完成了整个调查的数据收集和统计工作，研究样本具有较强的代表性。

二、抽样方案

综合考虑区域、城乡、行业人口分布的情况,确定抽样人数。

(一)样本数量范围

抽样总人数为 5 000 人,研究对象主要是 18～35 岁之间的青岛市人口。青岛市该年龄段常住人口共计 260 万余人,超过常住人口总数的 30%。

(二)样本区域分布

1. 区域分布

全市包括 10 各区、市及红岛经济区,各区市人口比例及抽样人数见表 1-1。

表 1-1　区市人口比例及抽样人数

区域	常住人口（万人）	人口比例	抽样单元（SSU）数量（50 人/SSU）	样本人数		
				总样本数（份）	城镇样本（份）	农村样本（份）
市南区	58.03	0.06	6	300	300	
市北区	108.37	0.12	12	600	600	
李沧区	55.33	0.06	6	300	300	
崂山区	43.55	0.05	5	300	300	
黄岛区	151.59	0.16	16	800	600	200
城阳区	70.23	0.08	8	400	400	
即墨市	121.45	0.13	13	600	400	200
胶州市	88.52	0.10	10	500	350	150
平度市	137.26	0.15	15	700	400	300
莱西市	76.1	0.08	8	400	250	150
红岛经济区	9.97	0.01	1	100	100	
总人口	920.4※	1	100	5 000	4 000	1 000

※:人口数据为 2016 年常住人口统计数据。

2. 城乡分布

（1）理论抽样数量。农村1 424人，城镇3 576人，共计5 000人。①

（2）实际抽样数量。综合考虑农村居民人口结构、18～35岁人口大多数在读和进城务工，最后确定抽样人数为：农村人口1 000人，城镇4 000人，共计5 000人。

3. 行业分布

按照国民经济行业分类（GB/T 4754—2011）的标准，根据从业人数比例划分抽样单元数量，见表1-2。

表1-2　按照国民经济行业分类划分的抽样单元数量

行业分类	从业人数(2015)（万人）	人数占比	行业样本（份）	SSU数量
农、林、牧、渔业	1.4	0.00	0	0
采矿业	0.3	0.00	0	0
制造业	146.8	0.47	2 000	40
电力、热力、燃气及水生产和供应业	3.0	0.01	50	1
建筑业	25.8	0.08	300	6
批发和零售业	42.5	0.12	600	12
交通运输、仓储和信息技术服务	12.7	0.04	150	3
住宿和餐饮业	5.7	0.02	100	2
信息传输、软件和信息技术服务	3.6	0.01	50	1
金融业	6.3	0.02	100	2
房地产业	7.5	0.02	100	2
租赁和商务服务业	11.0	0.04	150	3
科学研究和技术服务业	5.6	0.02	100	2
水利、环境和公共设施管理业	3.1	0.01	50	1
居民服务、修理其他服务业	2.5	0.01	50	1

① 依据：截至2016年年末，我市常住总人口达920.4万人，比上年增加10.7万人，增长1.18%。其中，全市城镇人口为658.36万人，比上年增加21.66万人，占总人口的比重（城镇化率）为71.53%，城镇化率高出全省平均水平（59.02%）12.51个百分点，稳居全省17个市的首位。

（续表）

行业分类	从业人数（2015） （万人）	人数占比	行业样本 （份）	SSU 数量
教育	13.4	0.04	200	4
卫生和社会工作	6.6	0.02	100	2
文化、教育和娱乐业	1.5	0.00	50	1
公共管理、社会保障和社会组织	9.9	0.03	100	2
总人数	309.2	1.00	4 000	80

表1-3　综合抽样方案（综合考虑区域、城乡、行业人口分布的情况）

区域	抽样总数（份）	农村抽样 人数（人）	农村抽样 单元数量	城镇抽样 人数（人）	城镇抽样 单元数量	制造业	电力、热力、燃气及水生产和供应业	建筑业	批发和零售业	交通运输、仓储和信息技术服务	住宿和餐饮业	信息传输、软件和信息技术服务	金融业	房地产业	租赁和商务服务业	科学研究和科技服务业	水利、环境和公共设施管理业	居民服务、修理和其他服务业	教育	卫生和社会工作	文化、教育和娱乐业	公共管理、社会保障和社会组织
市南区	300			300	6	3	1															
市北区	600			600	12	6			2				1									
李沧区	300			300	6	3			1						2	1		1				
崂山区	300			300	6	3					1		1						1			
黄岛区	800	200	7	600	12	6		2	2					1					1			
城阳区	400			400	8	4			2		1			1					1			
即墨市	600	200	7	400	8	4				2					1				1	1		
胶州市	500	150	5	350	7	3		2	2					1								
平度市	700	300	10	400	8	4			1							1	1		1			1
莱西市	400	150	5	250	5	3						1						1		1	1	
红岛区	100			100	2	2																
总人数	5 000	1 000	34	4 000	80	40	1	4	10	2	2	1	2	2	3	2	1	1	4	2	1	2

第二章

青年发展基本数据情况

一、问卷调查数量

本次调查共完成 5 009 份问卷。其中,废卷为 98 份,有效问卷为 4 911 份,有效率为 98%,适于进行进一步数据分析。见表 2-1。

表 2-1　问卷有效率情况

废卷与否	频率	百分比(%)
否	4 911	98.0
是	98	2.0
总计	5 009	100.0

二、抽样人口的区域分布

本次调查覆盖青岛市全市十区、市并包括红岛经济区。区域编码如下：市南区370202，市北区370203，黄岛区370211，崂山区370212，李沧区370213，城阳区370214，胶州市370281，即墨市370282，平度市370283，莱西市370285，红岛经济区007。

调查完成的全部5 009份问卷中，市南区完成315份，占问卷总数的6.3%；市北区完成648份，占问卷总数的12.9%；李沧区完成760份，占问卷总数的15.2%；崂山区完成402份，占问卷总数的8.0%；黄岛区完成259份，占问卷总数的5.2%；城阳区完成399份，占问卷总数的8.0%；即墨市完成456份，占问卷总数的9.1%；胶州市完成557份，占问卷总数的11.1%；平度市完成749份，占问卷总数的15.0%；莱西市完成358份，占问卷总数的7.1%；红岛经济区完成106份，占问卷总数的2.1%。见表2-2。

表2-2　抽样人数及区域分布

区域	常住人口（万）	人口比例	SSU 数量（50/SSU）	样本人数			实际抽样
				总数	城镇	农村	总数
市南区	58.03	0.06	6	300	300		315
市北区	108.37	0.12	12	600	600		648
李沧区	55.33	0.06	6	300	300		760
崂山区	43.55	0.05	5	300	300		402
黄岛区	151.59	0.16	16	800	600	200	259
城阳区	70.23	0.08	8	400	400		399
即墨市	121.45	0.13	13	600	400	200	456
胶州市	88.52	0.10	10	500	350	150	557
平度市	137.26	0.15	15	700	400	300	749
莱西市	76.1	0.08	8	400	250	150	358
红岛经济区	9.97	0.01	1	100	100		106
总人口	920.4	1	100	5 000	4 000	1 000	5 009

三、抽样人口的行业分布

调查完成的全部 5009 份问卷中,制造业问卷为 2 039 份,占抽样行业调查问卷总数的 40.7%;完成电力、热力、燃气及水生产和供应业问卷 56 份,占抽样行业调查问卷数的 1.1%;完成建筑业问卷 203 份,占抽样行业调查问卷总数的 4.1%;完成批发和零售业问卷 346 份,占抽样行业调查问卷总数的 6.9%;完成交通运输、仓储和邮政业问卷 100 份,占抽样行业调查问卷总数的 2%;完成住宿和餐饮业问卷 83 份,占抽样行业调查问卷总数的 1.7%;完成信息传输、软件和信息技术服务业问卷 56 份,占抽样行业调查问卷总数的 1.1%;完成金融业问卷 92 份,占抽样行业调查问卷总数的 1.8%;完成房地产业问卷 98 份,占抽样行业调查问卷总数的 2%;完成租赁和商务服务业问卷 119 份,占抽样行业调查问卷总数的 2.4%;完成科学研究和技术服务业问卷 67 份,占抽样行业调查问卷总数的 1.3%;完成水利、环境和公共设施管理业问卷 50 份,占抽样行业调查问卷总数的 1%;完成居民服务、修理和其他服务业问卷 17 份,占抽样行业调查问卷总数的 0.3%;完成教育问卷 191 份,占抽样行业调查问卷总数的 3.8%;完成卫生和社会工作问卷 102 份,占抽样行业调查问卷总数的 2%;完成文化、体育和娱乐业问卷 47 份,占抽样行业调查问卷总数的 0.9%;完成公共管理、社会保障和社会组织问卷 102 份,占抽样行业调查问卷总数的 2%;完成农村社区问卷 900 份,占抽样行业调查问卷总数的 18%;完成街访问卷 341 份,占抽样行业调查问卷总数的 6.8%。见表 2-3。

表 2-3　行业类型

	频率	百分比(%)
制造业	2 039	40.7
电力、热力、燃气及水生产和供应业	56	1.1
建筑业	203	4.1
批发和零售业	346	6.9
交通运输、仓储和邮政业	100	2
住宿和餐饮业	83	1.7

（续表）

	频率	百分比（%）
信息传输、软件和信息技术服务业	56	1.1
金融业	92	1.8
房地产业	98	2
租赁和商务服务业	119	2.4
科学研究和技术服务业	67	1.3
水利、环境和公共设施管理业	50	1
居民服务、修理和其他服务业	17	0.3
教育	191	3.8
卫生和社会工作	102	2
文化、体育和娱乐业	47	0.9
公共管理、社会保障和社会组织	102	2
农村社区	900	18
街访	341	6.8
总计	5 009	100

四、样本的人口社会特征

在被调查的有效样本中,男性受访者为 2 619 人,占比为 54.1%;女性受访者为 2 222 人,占比为 45.9%。整体上来看,男、女受访者分配较为均衡,相差不多,接近于目前人口统计上的男女比例(104.81∶100)。见表 2-4。

表 2-4 受访者性别

	频率	百分比(%)
男	2 619	54.1
女	2 222	45.9
总计	4 841	100

在被调查的有效样本中,受访者年龄小于 18 岁的有 72 人,占比为 1.5%;受访者为青年(18～35 岁)的有 3 967 人,占比为 85.9%;受访者年龄大于 35 岁的有 580 人,占比为 12.6%。见表 2-5。

表 2-5 受访者年龄分段

	频率	百分比(%)
少年(18 岁以下)	72	1.5
青年(18～35 岁)	3 967	85.9
中年(36～60 岁)	580	12.6
总计	4 619	100.0

在被调查的有效样本中,受访者政治面貌为中共党员的有 800 人,占比为 16.4%;政治面貌是共青团员的有 2 219 人,占比为 45.4%;政治面貌是民主党派的有 7 人,占比为 0.1%;政治面貌为群众的有 1 854 人,占比为 37.9%;政治面貌为其他的共 10 人,占比为 0.2%。见表 2-6。

表 2-6 受访者政治面貌

	频率	百分比(%)
中共党员	800	16.4
共青团员	2 219	45.4

（续表）

	频率	百分比(%)
民主党派	7	0.1
群众	1 854	37.9
其他	10	0.2
总计	4 890	100

　　在被调查的有效样本中,教育程度是小学的为33人次,占受访者总数的0.7%;教育程度是初中的为420人次,占受访者总数的8.6%;教育程度是高中的为500人次,占受访者总数的10.2%;教育程度是中专的为613人次,占受访者总数的12.5%;教育程度是职高技校的为260人次,占受访者总数的5.3%;教育程度是大学专科的为1 208人次,占受访者总数的24.7%;教育程度是大学本科的为1 584人次,占受访者总数的32.4%;教育程度是研究生的为274人次,占受访者总数的5.6%。见表2-7。

表2-7　受访者教育程度

	频率	百分比(%)
小学	33	0.7
初中	420	8.6
高中	500	10.2
中专	613	12.5
职高技校	260	5.3
大学专科	1 208	24.7
大学本科	1 584	32.4
研究生	274	5.6
总计	4 892	100.0

　　在被调查的有效样本中,受访者未婚的为2 607人,占比为53.3%;初婚有配偶的为2 199人,占比为44.9%;再婚有配偶的为28人,占比为0.6%;离婚的为34人,占比为0.7%;丧偶的为6人,占比为0.1%;未婚同居的为19人,占比为0.4%。见表2-8。

表2-8 受访者婚姻状况

	频率	百分比(%)
未婚	2 607	53.3
初婚有配偶	2 199	44.9
再婚有配偶	28	0.6
离婚	34	0.7
丧偶	6	0.1
未婚同居	19	0.4
总计	4 893	100

在被调查的有效样本中,全职务农的为282人次,占受访者总数的6.0%;非农就业的为3 209人次,占受访者总数的67.7%;兼业(农和非农)的为305人次,占受访者总数的6.4%;无业的为98人次,占受访者总数的2.1%;退休的为14人次,占受访者总数的0.3%;在校学生为663人次,占受访者总数的14%;认为自己处于其他就业状态的为178人次,占受访者总数的3.8%。见表2-9。

表2-9 受访者目前就业状况

	频率	百分比(%)
全职务农	282	6.0
非农就业	3 209	67.7
兼业(农和非农)	305	6.4
无业	98	2.1
在校学生	663	14.0
其他	178	3.8
总计	4 735	100.0

第三章

青岛青年发展状况基本报告

一、青年人口流动基本情况

青年流动人口[①]是当前流动人口中的主力。青岛市青年群体的人口流动既具有一般性的人口流动特征,又表现出区域的独特性。

1. 区、市(县域)间青年人口的流动率较高

在被调查人口中,从户口登记地来看,户口登记地为外省及此省其他县(县级市、区)的比例为32.1%。具体而言,在被调查的有效样本中,受访者户口登记地在此乡(镇、街道)的比例为37.9%,受访者户口登记地在此县(县级市、区)其他乡(镇、街道)的比例为29.8%,受访者户口登记地在此省其他县(县级市、区)的比例为20.8%,受访者户口登记地在外省的比例为11.3%;受访者户口待定的比例为0.2%。见表3-1-1。

表3-1-1　户口登记地

	频率	百分比(%)
此乡(镇、街道)	1 865	37.9
此县(县级市、区)其他乡(镇、街道)	1 468	29.8
此省其他县(县级市、区)	1 023	20.8

[①]《中华人民共和国人口与计划生育法》(2001)对流动人口做了如下界定:本条例所称流动人口,是指离开户籍所在地的县、市或者市辖区,以工作、生活为目的异地居住的成年育龄人员。但是,下列人员除外:(一)因出差、就医、上学、旅游、探亲、访友等事由异地居住、预期将返回户籍所在地居住的人员;(二)在直辖市、设区的市行政区域内区与区之间异地居住的人员。

（续表）

	频率	百分比（%）
外省	558	11.3
户口待定	12	0.2
总计	4 926	100.0

在被调查的有效样本中，居住于此省其他县（县级市、区）的共715人次，占受访者总数的14.7%；居住于此村／居委会的为1402人次，占受访者总数的28.8%；居住于此乡（镇、街道）其他村委会的为914人次，占受访者总数的18.8%；居住于此县（县级市、区）其他乡（镇、街道）的为601人次，占受访者总数的32.9%；居住于外省的为231人次，占受访者总数的4.8%。见表3-1-2。

表3-1-2 受访者调查时居住地

居住地	频率	百分比（%）
此省其他县（县级市、区）	1 402	28.8
此乡（镇、街道）其他村委会	914	18.8
此县（县级市、区）其他乡（镇、街道）	1 601	32.9
此村／居委会	715	14.7
外省	231	4.8
总计	4 863	100.0

2. 城镇常住青年人口比例显著高于农村，城区比例最高

在被调查的有效样本中，居住地属于城区的为3 020人，占受访者总数的62.0%；属于镇的为738人，占受访者总数的15.1%；属于农村的为1 116人，占受访者总数的22.9%。见表3-1-3。

表3-1-3 受访者居住地所属地区类型

	频率	有效百分比
城区	3 020	62.0
镇	738	15.1
农村	1 116	22.9
总计	4 874	100.0

3.农业户口青年人口比例显著高于非农业户口

在被调查的有效样本中,受访者户口性质是农业户口的为 2 823 人次,占受访者总数的 57.9%;性质是非农业户口的为 1 484 人次,占受访者总数的 30.4%;性质是居民户口(之前是非农业户口)的为 327 人次,占受访者总数的 6.7%;性质是居民户口(之前是农业户口)的为 240 人次,占受访者总数的 4.9%;性质是其他的为 2 人次,占受访者总数的 0.04%。表 3-1-4。

表 3-1-4　受访者户口性质

	频率	百分比(%)
农业户口	2 823	57.9
非农业户口	1 484	30.4
居民户口(之前是非农业户口)	327	6.7
居民户口(之前是农业户口)	240	4.9
其他(请注明)	2	0.04
总计	4 876	100.0

4.工作就业是青年人口居住本地的主要原因

在被调查的有效样本中,除了出生在本地同时居住在本地的占比为 45%外,工作就业(务工经商、工作调动和分配录用)的青年人口占总调查人口的 33.6%。具体而言,在被调查的有效样本中,受访者来此地居住的原因是出生在本地的为 2 205 人次,占比为 45%;原因是务工经商的为 475 人次,占比为 9.7%;原因是工作调动的为 644 人次,占比为 13.1%;原因是分配录用的为 527 人次,占比为 10.8%;原因是学习培训的为 473 人次,占比为 9.7%;原因是拆迁或搬家的共为 93 人次,占比为 1.9%;原因是婚姻嫁娶的为 276 人次,占比为 5.6%;原因是随迁家属的为 114 人次,占比为 2.3%;原因是投亲靠友的为 63 人次,占比为 1.3%;原因是出差的为 13 人次,占比为 0.3%;因其他原因(如旅游)来此居住的为 18 人次,占比为 0.4%。见表 3-1-5。

表 3-1-5　受访者居住原因

	频率	百分比
出生在本地	2 205	45

（续表）

	频率	百分比
务工经商	475	9.7
工作调动	644	13.1
分配录用	527	10.8
学习培训	473	9.7
拆迁或搬家	93	1.9
婚姻嫁娶	276	5.6
随迁家属	114	2.3
投亲靠友	63	1.3
出差	13	0.3
其他	18	0.4
总计	4 901	100

二、青年就业与职业状况

（一）青岛市青年就业整体状况

1.大部分青年群体从事非农就业工作

在被调查的有效样本中,全职务农的为282人次,占受访者总数的6.0%;非农就业的为3 209人次,占受访者总数的67.7%;兼业(农和非农)的为305人次,占受访者总数的6.4%;无业的为98人次,占受访者总数的2.1%;在校学生为663人次,占受访者总数的14%;认为自己处于其他就业状态的为178人次,占受访者总数的3.8%。见下表3-2-1。

表3-2-1　受访者目前就业状

	频率	百分比(%)
全职务农	282	6.0
非农就业	3209	67.7
兼业(农和非农)	305	6.4
无业	98	2.1
在校学生	663	14.0
其他	178	3.8
总计	4735	100.0

2.过半青年从事专业技术和商业服务业工作

在被调查的有效样本中,受访者目前从事的职业类别属于国家机关、党群组织、企业、事业单位负责人的为431人次,占受访者总数的10.1%;属于专业技术人员的为1 119人次,占受访者总数的26.2%;属于办事人员和有关人员的为419人次,占受访者总数的9.8%;属于商业工作人员的为391人次,占受访者总数的9.2%;属于服务性工作人员的为778人次,占受访者总数的18.3%;属于农、林、牧、渔、水利业生产人员的为75人次,占受访者总数的1.8%;属于生产工人、运输工人和有关人员的为913人次,占受访者总数的21.4%;属于警察及军人的为10人次,占受访者总数的0.2%;属于不便分类人员的为 127 人次,占受访者总数的 3%。见表 3-2-2。

表 3-2-2 目前从事职业类别

	频率	百分比(%)
国家机关、党群组织、企业、事业单位负责人	431	10.1
专业技术人员	1 119	26.2
办事人员和有关人员	419	9.8
商业工作人员	391	9.2
服务性工作人员	778	18.3
农、林、牧、渔、水利业生产人员	75	1.8
生产工人、运输工人和有关人员	913	21.4
警察及军人	10	0.2
不便分类人员	127	3
总计	4 263	100

3. 在一产二产就业的青年主要集中在制造业领域

在被调查的有效样本中,受访者目前的工作行业属于农、林、牧、渔、水利业的共为 57 人次,占比为 1.4%;属于手工业的为 114 人次,占比为 2.7%;属于采掘业的为 7 人次,占比为 0.2%;属于制造业的为 1 486 人次,占比为 35.4%;属于电力煤气及水的生产和供应业的为 62 人次,占比为 1.5%;属于建筑业的为 241 人次,占比为 5.7%;属于地质勘查、水利管理业的为 12 人次,占比为 0.3%;属于交通运输的为 137 人次,占比为 3.3%;属于仓储业的为 3 人次,占比为 0.1%;属于邮电通信业的为 117 人次,占比为 2.8%;属于批发和零售贸易的为 269 人次,占比为 6.4%;属于餐饮、住宿、娱乐业的为 145 人次,占比为 3.5%;属于信息、咨询服务业的为 104 人次,占比为 2.5%;属于房地产业的为 45 人次,占比为 1.1%;属于金融、证券、保险业的为 93 人次,占比为 2.2%;属于计算机服务业的为 84 人次,占比为 2%;属于社会服务业的为 292 人次,占比为 7%;属于医疗健康卫生业的为 120 人次,占比为 2.9%;属于体育事业的为 1 人次,占比为 0.02%;属于社会福利业的为 7 人次,占比为 0.2%;属于教育事业的为 143 人次,占比为 3.4%;属于新闻出版业的为 1 人次,占比为 0.02%;属于文化艺术业的为 27 人次,占比为 0.6%;属于广播电影电视业的为 3 人次,占比为0.1%；属于科学研究和综合技术服务业的为44人次，占比为1%；属于国家机关政党机关和社会团体、军队的为346人次，占比为8.2%；属于其他行业的为235人次，占比为5.6%。见表3-2-3。

表3-2-3　非农工作单位所属行业

	频率	百分比（%）
农林牧渔水利业	57	1.4
手工业	114	2.7
采掘业	7	0.2
制造业	1 486	35.4
电力煤气及水的生产和供应业	62	1.5
建筑业	241	5.7
地质勘查、水利管理业	12	0.3
交通运输	137	3.3
仓储业	3	0.1
邮电通信业	117	2.8
批发和零售贸易	269	6.4
餐饮、住宿、娱乐业	145	3.5
信息、咨询服务业	104	2.5
房地产业	45	1.1
金融、证券、保险业	93	2.2
计算机服务业	84	2
社会服务业	292	7
医疗健康卫生业	120	2.9
体育事业	1	0.2
社会福利业	7	0.2
教育事业	143	3.4
新闻出版业	1	0.2
文化艺术业	27	0.6
广播电影电视业	3	0.1
科学研究和综合技术服务业	44	1

（续表）

	频率	百分比（%）
国家机关政党机关和社会团体、军队	346	8.2
其他	235	5.6
总计	4 195	100

（二）影响青年就业的因素

1. 青年就业不存在显著的性别差异

对性别与就业状况的交叉分析，见表 3-2-4。在不同性别受访者中，非农就业的均占据绝大部分，男性非农就业的为 1 728 人次，占男性受访者的 68.2%；女性非农就业的为 1 436 人次，占女性受访者的 67.1%。男性与女性受访者中，无业人员分别为 50 人次与 48 人次，比例较低，分别占受访者总人次的 2% 和 2.2%。在各就业具体分类中，受访者中男性与女性所占比例差别不大。

表 3-2-4　性别与就业状况

			就业状况							总计
			全职务农	非农就业	兼业	无业	退休	在校学生	其他	
性别	男	计数	154	1 728	159	50	8	350	85	2 534
		百分比	6.1%	68.2%	6.3%	2.0%	0.3%	13.8%	3.4%	100.0%
	女	计数	122	1 436	141	48	5	294	93	2 139
		百分比	5.7%	67.1%	6.6%	2.2%	0.2%	13.7%	4.3%	100.0%
总计		计数	276	3 164	300	98	13	644	178	4 673
		百分比	5.9%	67.7%	6.4%	2.1%	0.3%	13.8%	3.8%	100.0%

卡方检验中，Sig 值 0.630＞0.05，此模型不具有显著性，即性别因素对当前青岛青年就业状况无显著影响。见表 3-2-5。

表 3-2-5　性别与就业状况差异检验

	值	自由度	渐进显著性（双侧）
皮尔逊卡方	4.343a	6	0.630
似然比	4.332	6	0.632

(续表)

	值	自由度	渐进显著性(双侧)
线性关联	1.361	1	0.243
有效个案数	4 673		

2. 政治面貌对青年就业状况具有显著影响

通过对比政治面貌与就业状况发现,受访者中不同政治面貌的青年当前就业属于非农就业的比例均较大,表明从事非农就业工作人员在受访者中占据绝大部分,见表3-2-6。受访者中无业的为98人次,占受访者人次的2.1%。受访者中,就业率比较高,失业率比较低。

表 3-2-6　政治面貌与就业状况

			目前就业状况						总计
			全职务农	非农就业	兼业	无业	在校学生	其他	
政治面貌	中共党员	计数	41	623	26	13	25	41	769
		百分比	5.3%	81.0%	3.4%	1.7%	3.3%	5.3%	100.0%
	共青团员	计数	66	1 378	93	28	507	75	2 147
		百分比	3.1%	64.2%	4.3%	1.3%	23.6%	3.5%	100.0%
	民主党派	计数	1	5	0	0	1	0	7
		百分比	14.3%	71.4%	0.0%	0.0%	14.3%	0.0%	100.0%
	群众	计数	172	1 188	184	57	129	59	1 789
		百分比	9.6%	66.4%	10.3%	3.2%	7.2%	3.3%	100.0%
	其他	计数	1	3	1	0	1	3	9
		百分比	11.1%	33.3%	11.1%	0.0%	11.1%	33.3%	100.0%
总计		计数	281	3 197	304	98	663	178	4 721
		百分比	6.0%	67.7%	6.4%	2.1%	14.0%	3.8%	100.0%

卡方检验得知,Sig 值小于0.05,因此此模型具有显著性,政治面貌对就业状况具有显著影响,见表3-2-7。

表 3-2-7　政治面貌与就业状况

	值	自由度	渐进显著性(双侧)
皮尔逊卡方	474.701a	24	0.000

（续表）

	值	自由度	渐进显著性（双侧）
似然比	476.525	24	.000
线性关联	23.661	1	.000
有效个案数	4 735		

3. 教育程度对青年就业状况具有显著性影响

通过对教育程度与当前就业状况的交叉分析发现，受访者中受教育程度越高，从事非农就业的比例就越高，无业的比例就越低。小学教育程度的受访群体中，从事非农就业的只有40.0%，而学历为研究生的青年群体中，非农就业人员比例达到83.4%。受教育程度在高中及以下的受访青年群体中，全职务农的比例远高于中专及以上受教育程度较高的青年群体。由此可知，学历高低对青年具体就业状况具有很显著的影响。

在卡方检验中，Sig 值小于0.05，因此此模型有意义，教育程度与就业状况具有显著相关关系，见表3-2-8。

表3-2-8 教育程度与就业状况

			目前就业状况						总计
			全职务农	非农就业	兼业	无业	在校学生	其他	
教育程度	小学	计数	9	10	1	3	2	0	25
		百分比	36.0%	40.0%	4.0%	12.0%	8.0%	0.0%	100.0%
	初中	计数	89	191	69	25	18	14	406
		百分比	21.9%	47.0%	17.0%	6.2%	4.4%	3.4%	100.0%
	高中	计数	57	217	52	20	127	9	482
		百分比	11.8%	45.0%	10.8%	4.1%	26.3%	1.9%	100.0%
	中专	计数	58	343	65	15	101	15	597
		百分比	9.7%	57.5%	10.9%	2.5%	16.9%	2.5%	100.0%
	职高技校	计数	9	182	27	7	22	6	253
		百分比	3.6%	71.9%	10.7%	2.8%	8.7%	2.4%	100.0%
	大学专科	计数	38	879	56	14	110	60	1 157
		百分比	3.3%	76.0%	4.8%	1.2%	9.5%	5.2%	100.0%

（续表）

			目前就业状况						总计
			全职务农	非农就业	兼业	无业	在校学生	其他	
教育程度	大学本科	计数	17	1 165	31	11	254	65	1 543
		百分比	1.1%	75.5%	2.0%	0.7%	16.5%	4.2%	100.0%
	研究生	计数	4	216	3	1	27	8	259
		百分比	1.5%	83.4%	1.2%	0.4%	10.4%	3.1%	100.0%
总计		计数	281	3 203	304	96	661	177	4 722
		百分比	6.0%	67.8%	6.4%	2.0%	14.0%	3.7%	100.0%

4. 户口性质对青年就业状况具有显著影响

对户口性质与当前就业状况的交叉分析，见表 3-2-9。在受访者中，属于农业户口的青年从事非农就业的比例远低于属于非农户口的青年，也远低于居民户口青年从事非农劳动的比例。农业户口青年群体全职务农的比例远高于非农户口、居民户口青年群体。农业户口和非农户口青年群体中，无业人员比例很低，说明就业率整体较高，就业状况较好。

在卡方检验中，Sig 值为 0，低于 0.05，有显著性。此模型具有意义，户籍性质对就业就有显著影响。

表 3-2-9 户口性质与就业状况

			目前就业状况						总计
			全职务农	非农就业	兼业	无业	在校学生	其他	
户口性质	农业户口	计数	252	1 626	252	64	441	94	2 729
		百分比	9.2%	59.6%	9.2%	2.3%	16.2%	3.4%	100.0%
	非农	计数	16	1 163	27	18	157	58	1 439
		百分比	1.1%	80.8%	1.9%	1.3%	10.9%	4.0%	100.0%
	居民-非农	计数	5	245	8	6	42	15	321
		百分比	1.6%	76.3%	2.5%	1.9%	13.1%	4.7%	100.0%
	居民-农业	计数	7	168	17	8	20	10	230
		百分比	3.0%	73.0%	7.4%	3.5%	8.7%	4.3%	100.0%
	其他	计数	0	0	0	0	1	1	2
		百分比	0.0%	0.0%	0.0%	0.0%	50.0%	50.0%	100.0%

（续表）

		目前就业状况						总计
		全职务农	非农就业	兼业	无业	在校学生	其他	
总计	计数	280	3 202	304	96	661	178	4 721
	百分比	5.9%	67.8%	6.4%	2.0%	14.1%	3.8%	100.0%

三、青年群体家庭关系状况

1. 对家庭满意程度较高

根据数据可知,当代青年人对其家庭满意程度较高,约 80.9% 的人感到满意。当代青年人家庭关系总体和谐,家庭关系稳定。在被调查的有效样本中,受访者对自己的家庭非常不满意的为 63 人次,占比为 1.3%;不太满意的为 114 人次,占比为 2.3%;感觉一般的为 767 人次,占比为 15.5%;比较满意的为 1 335 人次,占比为 27%;非常满意的为 2 667 人次,占比为 53.9%。见表3-3-1。

表 3-3-1　对家庭的总体满意程度

	频率	百分比(%)
非常不满意	63	1.3
不太满意	114	2.3
一般	767	15.5
比较满意	1 335	27
非常满意	2 667	53.9
总计	4 946	100

根据数据可以得出,在 5 种人际关系中,青岛市青年对家人关系的满意程度相对较高。在被调查的有效样本中,对各种人际关系的满意程度调查(打分制)分为与家人关系、与领导关系、与同事关系、与朋友关系、与邻居关系,每种人际关系平均分分别为 4.5、3.8、4.1、4.3、4.0(分),见表 3-3-2。

表 3-3-2　对五种人际关系的满意程度

	个案数	平均分
与家人关系	4 951	4.519 5
与领导关系	4 945	3.880 7
与同事关系	4 946	4.123 9
与朋友关系	4 954	4.324 4
与邻居关系	4 955	4.061 8

（续表）

	个案数	平均分
有效个案数（成列）	4 938	

总体上来看，当代青年人与家人之间关系亲密友好，对家人关系满意程度高。在被调查的有效样本中，受访者对自己与家人关系非常不满意的为28人次，占比为0.6%；不太满意的为56人次，占比为1.1%；感觉一般的为408人次，占比为8.2%；比较满意的为1 283人次，占比为25.9%；非常满意的为3 176人次，占比为64.1%。由此看出，青年人对与其家人关系满意程度较高，约占90%，见表3-3-3。

表3-3-3 对家人关系的满意程度

	频率	百分比（%）
非常不满意	28	0.6
不太满意	56	1.1
一般	408	8.2
比较满意	1 283	25.9
非常满意	3 176	64.1
总计	495	100

2.受访青年群体独立性较强

从居住和饮食情况看，根据数据可知，青岛市青年与父母同吃或同住或同吃住的人数占45.6%，而一半以上的青年与父母吃住都不在一起，已不同于传统的家庭居住和饮食方式。被调查的有效样本中，受访者与父母吃住都在一起的为1 895人次，占比为38.1%；受访者与父母住在一起但不一起吃的为79人次，占比为1.6%；受访者与父母吃在一起但不住在一起的共295人次，占比为5.9%；受访者与父母吃住都不在一起的共2 705人次，占比为54.4%。见表3-3-4。

表3-3-4 亲子居住饮食情况

	频率	百分比（%）
吃住都在一起	1 895	38.1

（续表）

	频率	百分比（%）
住在一起，但不一起吃	79	1.6
吃在一起，但不住在一起	295	5.9
吃住都不在一起	2 705	54.4
总计	4 974	100

从收支情况看，如今大部分家庭中父母与孩子在经济方面各自独立，亲子经济关系明显弱化。在被调查的有效样本中，受访者与父母收支合在一起的为1 312人次，占比为26.5%；受访者与父母收支各自独立的为3 643人次，占比为73.5%。见表3-3-5。

表3-3-5　亲子收支情况

	频率	百分比（%）
收支合在一起	1 312	26.5
收支各自独立	3 643	73.5
总计	4 955	100

3. 青年群体与家庭成员的交往较少

根据数据得出，青岛市青年人与父母之间见面时间相对较少，已不同于传统的亲子交往方式。当问"过去半年，您多久见父母一次"这一问题时，在被调查的5 009个有效样本中，有796人称不适宜回答、4213人称适宜回答。在4 213人中，过去半年几乎每天见父母的为1 215人，占比为24.3%；经常见父母的为1 460人，占比为29.2%；偶尔见父母的为852人，占比为17.0%；很少见父母的为686人，占比为13.7%。见表3-3-6。

表3-3-6　过去半年与父母相见次数统计

	频率	百分比（%）	有效百分比（%）	累积百分比（%）
几乎每天	1 215	24.3	28.8	28.8
经常	1 460	29.2	34.7	63.5
偶尔	852	17.0	20.2	83.7
很少	686	13.7	16.3	100.0

（续表）

	频率	百分比（%）	有效百分比（%）	累积百分比（%）
合计	4 213	84.1	100.0	
不适用	796	15.9		
合计	5 009	100.0		

有数据可以看出，青岛市 41.8％的青年人认为与父母相处时间短，表明子女与父母之间的交流变少。当问到"您认为您与父母相处的时间有多长"这一问题时，在被调查的 5 009 个有效样本中，有 165 人称不适宜回答，4 844 人称适宜回答。在 4 844 人中，认为自己过去半年与父母相处时间非常多和经常与父母相处的，分别占 14.5％和 18.5％，合计为 33％；认为自己与父母相处时间较少和几乎没有与父母相处的分别占 34.9％和 5.6％，合计为 40.5％。见表3-3-7。

表 3-3-7 与父母相处时间统计

	频率	百分比（%）	有效百分比（%）	累积百分比（%）
几乎没有	279	5.6	5.8	5.8
时间较少	1 743	34.9	36.0	41.7
一般	1 172	23.4	24.2	65.9
经常	924	18.5	19.1	85.0
非常多	726	14.5	15.0	100.0
合计	4 844	96.7	100.0	
不适用	165	2.3		
合计	5 009	100.0		

由数据看出，约占一半的青年人每周会有一半及以上的时间与家人吃晚餐；其余的青年每周偶尔或者几乎没有时间与家人吃晚餐。中国人主张团团圆圆，体现在饮食方面为全家坐在一起吃饭。如今由于工作需要、简单方便等原因，青年人外出就餐的频率越来越高，传统的家庭观念已经发生变化。在被调查的有效样本中，有 4 779 人回答了"每周和家人一起吃晚餐多少天"的问题。其中，每周没有时间和家人吃晚餐的为 722 人，占比为 15.1％；每周有 1 天和家人一起吃晚餐的为 870 人，占比为 18.2％；每周有 2 天和家人一起吃晚餐的

为 548 人,占比为 11.5%;每周有 3 天和家人一起吃晚餐的为 339 人,占比为 7.1%;每周有 4 天和家人一起吃晚餐的为 210 人,占比为 4.4%;每周有 5 天和家人一起吃晚餐的为 482 人,占比为 10.1%;每周有 6 天和家人一起吃晚餐的为 274 人,占比为 5.7%;每周每天都和家人一起吃晚餐的为 1 334 人,占比为 27.9%。见表 3-3-8。

表 3-3-8　与家人吃晚餐的频率

	频率	百分比(%)
0 天	722	15.1
1 天	870	18.2
2 天	548	11.5
3 天	339	7.1
4 天	210	4.4
5 天	482	10.1
6 天	274	5.7
7 天	1 334	27.9
合计	4 779	100.0

4. 青年群体的家庭心理依赖度较高

由数据可以看出,家人在青年人心中的地位仍处于最重要的位置,是青年人最主要的诉说对象;朋友已成为青年人除了家人之外最主要的诉说对象,朋友在青年人心中的地位越来越高。在被调查的有效样本中,有 4 905 人表明了遇到烦恼时自己的诉说对象都有哪些。其中,选择向父母诉说的为 1765 人,占比为 36%;选择向兄弟姐妹诉说的为 750 人,占比为 15.3%;选择向家里其他人诉说的为 665 人,占比为 13.6%;选择向老师诉说的为 51 人,占比为 1%;选择向同学诉说的为 425 人,占比为 8.7%;选择向同事诉说的为 383 人,占比为 7.8%;选择向朋友诉说的为 1 929 人,占比为 39.3%;选择向网友诉说的为 134 人,占比为 2.7%;选择向心理辅导员诉说的为 31 人,占比为 0.6%;选择从不向他人诉说的为 370 人,占比为 7.5%;选择其他诉说对象的为 19 人,占比为 0.4%。见表 3-3-9。

表 3-3-9 烦恼时诉说对象

		频率	百分比（%）
父母	是	1 765	36.0
兄弟姐妹	是	750	15.3
家里其他人	是	665	13.6
老师	是	51	1.0
同学	是	425	8.7
同事	是	383	7.8
朋友	是	1 929	39.3
网友	是	134	2.7
心理辅导人员	是	31	0.6
从不向他人诉说	是	370	7.5
其他	是	19	0.4
合计		4905	

　　由数据可以看出，青岛市青年在遇到困难时，大多倾向于求助家人，对家庭成员的心理认同与依赖依然存在。在被调查的有效样本中，有 4 894 人表明在自己遇到危急或困难情况时能获得某种或多种来源的支持和帮助。其中，称曾经得到过来自家人的支持和帮助的为 4 393 人，占比为 89.8%；称曾经得到过来自亲戚的支持和帮助的为 2 864 人，占比为 58.5%；称曾经得到过来自朋友的支持和帮助的为 3 835 人，占比为 78.4%；称曾经得到过来自同事的支持和帮助的为 1 909 人，占比为 39%；称曾经得到过来自工作单位的支持和帮助的为 680 人，占比为 13.9%；称曾经得到过来自政府的支持和帮助的为 276 人，占比为 5.6%；称曾经得到过来自宗教、社会团体等非官方组织的支持和帮助的为 38 人，占比为 0.8%；称曾经得到过来自其他来源的支持和帮助的为 7 人，占比为 0.1%，见表 3-3-10。

表 3-3-10 遇到困难时得到支持和帮助的来源（多选）

		频率	百分比（%）
家人	是	4 393	89.8
亲戚	是	2 864	58.5

（续表）

		频率	百分比(%)
朋友	是	3 835	78.4
同事	是	1 909	39.0
工作单位	是	680	13.9
政府	是	276	5.6
宗教、社会团体等非官方组织	是	38	0.8
其他	是	7	0.1
	合计	4 894	

5. 青年夫妻之间的支持与照顾水平较高

由数据可以看出,青岛青年人夫妻之间相互支持与照顾程度较高,但也存在夫妻之间无扶持帮助的现象。在被调查的有效样本中,有 4 572 人表达了丈夫或妻子(恋人)对自己的支持和照顾的情况,358 人称不适宜回答此问题。其中,称丈夫或妻子(恋人)对自己无支持和照顾的为 1 024 人,占比为 20.8%;称丈夫或妻子(恋人)对自己的支持和照顾很少的为 106 人,占比为 2.2%;称丈夫或妻子(恋人)对自己的支持和照顾一般的为 350 人,占比为 7.1%;称夫妻(恋人)对自己的支持和照顾较多的为 1 130 人,占比为 22.9%;认为夫妻(恋人)对自己的全力支持和照顾的为 1 962 人,占比 39.8%。见表 3-3-11。

表 3-3-11　丈夫或妻子(恋人)之间支持和照顾的情况

	频率	百分比(%)
无	1 024	20.8
很少	106	2.2
一般	350	7.1
较多支持	1 130	22.9
全力支持	1 962	39.8
合计	4 572	92.7
不适用	358	7.3
合计	4 930	100.0

6. 青年与父母之间的支持与照顾水平存在倒挂现象

由数据可以看出,青岛市绝大部分父母支持与照顾子女。在被调查的有效样本中,有 4 869 人表达了父母对自己的支持和照顾的情况,有 61 人称不适宜回答此问题。其中,称父母对自己无支持和照顾的为 62 人,占比为 1.3%;称父母对自己的支持和照顾很少的为 71 人,占比为 1.4%;称父母对自己的支持和照顾一般的为 287 人,占比 5.8%;称父母对自己的支持和照顾较多的为 1 329 人,占比为 27%;称父母对自己全力支持和照顾的为 3 120 人,占比为 63.3%。见表 3-3-12。

表 3-3-12　父母对子女的支持和照顾的情况

	频率	百分比(%)
无	62	1.3
很少	71	1.4
一般	287	5.8
较多支持	1 329	27.0
全力支持	3 120	63.3
合计	4 869	98.8
不适用	61	1.2
合计	4 930	100.0

由数据可以得知,儿女对父母的支持与照顾程度低,存在无支持照顾现象。在被调查的有效样本中,有 4 068 人表达了儿女对自己的支持和照顾的情况,862 人称不适宜回答此问题。其中,称儿女对自己无支持和照顾的为 1 902 人,占比为 38.6%;称儿女对自己的支持和照顾很少的为 96 人,占比为 1.9%;称儿女对自己的支持和照顾一般的为 309 人,占比为 6.3%;称儿女对自己的支持和照顾较多的为 543 人,占比为 11%;称儿女对自己全力支持和照顾的为 1218 人,占比为 24.7%。见表 3-3-13。

表 3-3-13　儿女对父母的支持和照顾情况

	频率	百分比(%)
无	1 902	38.6

（续表）

	频率	百分比（%）
很少	96	1.9
一般	309	6.3
较多支持	543	11.0
全力支持	1 218	24.7
合计	4 068	82.5
不适用	862	17.5
合计	4 930	100.0

此外，由数据可以得知，青年人受到兄弟姐妹的支持和照顾不多。在被调查的有效样本中，有4 514人表达了兄弟姐妹对自己的支持和照顾的情况，有416人称不适宜回答此问题。其中，称兄弟姐妹对自己无支持和照顾的为831人，占比为16.9%；称兄弟姐妹对自己的支持和照顾很少的为179人，占比为3.6%；称兄弟姐妹对自己的支持和照顾一般的为548人，占比为11.1%；称兄弟姐妹对自己的支持和照顾较多的为1 242人，占比为25.2%；称兄弟姐妹对自己全力支持和照顾的为1 714人，占比为34.8%。见表3-3-14。

表3-3-14　得到兄弟姐妹支持和照顾的情况

	频率	百分比（%）
无	831	16.9
很少	179	3.6
一般	548	11.1
较多支持	1 242	25.2
全力支持	1 714	34.8
合计	4 514	91.6
不适用	416	8.4
合计	4 930	100.0

由数据可以得知，青岛市青年人受到除直系亲属以外的家庭成员支持与照顾程度一般，存在无支持现象。在被调查的有效样本中，有4 135人表达了其他成员（如嫂子）对自己的支持和照顾的情况，有795人称不适宜回答此问题。其

中,称其他成员(如嫂子)对自己无支持和照顾的为 1 332 人,占比为 27%;称其他成员(如嫂子)对自己的支持和照顾很少的为 263 人,占比为 5.3%;称其他成员(如嫂子)对自己的支持和照顾一般的为 760 人,占比为 15.4%;称其他成员(如嫂子)对自己的支持和照顾较多的为 825 人,占比为 16.7%;称其他成员(如嫂子)对自己全力支持和照顾的为 955 人,占比为 19.4%。见表 3-3-15。

表 3-3-15　其他成员(如嫂子)支持和照顾的情况

	频率	百分比(%)
无	1 332	27.0
很少	263	5.3
一般	760	15.4
较多支持	825	16.7
全力支持	955	19.4
合计	4 135	83.9
不适用	795	16.1
合计	4930	100.0

7. 受访青年群体未婚率高

在被调查的有效样本中,受访者未婚的为 2 607 人,占比为 53.3%;初婚有配偶的为 2 199 人,占比为 44.9%;再婚有配偶的为 28 人,占比为 0.6%;离婚的为 34 人,占比为 0.7%;丧偶的为 6 人,占比为 0.1%;同居的为 19 人,占比为 0.4%。见表 3-3-16。

表 3-3-16　受访者婚姻状况

	频率	百分比(%)
未婚	2 607	53.3
初婚有配偶	2 199	44.9
再婚有配偶	28	0.6
离婚	34	0.7
丧偶	6	0.1
同居	19	0.4
总计	4 893	100

四、青年身心健康状况

1. 青岛市青年身高显著高于全国平均水平

本次调查青岛市青年身高的基本情况如下：有效个案数为 4 894 人，平均身高 170.24 cm。其中，青年男性平均身高为 175.84 cm，女性平均身高为 163.56 cm，都显著高于全国平均身高[①]（男性为 167.1 cm，女性为 155.8 cm）。见表 3-4-1 及表 3-4-2。

表 3-4-1　性别、身高与体重的描述统计

	个案数	最小值	最大值	平均值	标准差
性别	4 751	1	2	1.46	.498
身高	4 894	.00	199.00	170.24	9.246
体重	4 884	25.00	200.00	65.94	14.318
有效个案数（成列）	4 737				

表 3-4-2 不同性别的身高与体重

	性别	个案数	平均值	标准差	标准误差平均值
身高	男	2 566	175.836 5	6.424 40	.126 82
	女	2 183	163.562 0	7.390 79	.158 18
体重	男	2 566	72.582 0	13.909 45	.274 59
	女	2 173	58.009 3	10.330 99	.221 62

其中，身高在 150.00～160.00 cm 的人数为 751，占总人数的 15.3%；身高在 161.00～170.00 cm 的人数为 1 840，占总人数的 37.6%；身高在 171.00～180.00 cm 的人数为 1 852，占总人数的 37.8%；身高在 181.00～190.00 cm 的人数为 436，占总人数的 8.9%；身高在 191.00～200.00 cm 的人数为 15，占总人数的 0.3%。见表 3-4-3。

---

① 根据《中国居民营养与慢性病状况报告（2015 年）》报告全国 18 岁及以上成年男性和女性的平均身高分别为 167.1 cm 和 155.8 cm，平均体重分别为 66.2 kg 和 57.3 kg。

表3-4-3　分段身高的频率

	频率	百分比（%）
150.00～160.00	751	15.3
161.00～170.00	1 840	37.6
171.00～180.00	1 852	37.8
181.00～190.00	436	8.9
191.00～200.00	15	0.3
总计	4 894	100.0

2. 青岛市青年男性体重显著高于全国水平

本次调查青年体重的情况为：有效值为4 886人，平均体重为65.94千克。其中，男性平均体重为72.58千克，女性体重为58.01千克。《中国居民营养与慢性病状况报告（2015年）》指出全国18岁及以上成年男性和女性的平均体重分别为66.2kg和57.3kg，青岛市青年男性体重显著高于全国水平。

具体而言，体重在20.00～50.00千克的人数为604人，占总人数的12.4%；体重在50.10～80.00千克的人数为3 693，占总人数的75.6%；体重在80.10～110.00千克的人数为554，占总人数的11.3%；体重在110.10～140.00千克的人数为25，占总人数的0.5%；体重在140.10～170.00千克的人数为5，占总人数的0.1%；体重在170.10～200.00千克的人数为5，占总数的0.1%。见表3-4-4。

表3-4-4　分段体重的频率

	频率	百分比（%）
20.00～50.00	604	12.4
50.10～80.00	3 693	75.6
80.10～110.00	554	11.3
110.10～140.00	25	0.5
140.10～170.00	5	0.1
170.10～200.00	5	0.1
总计	4 886	100.0

本次调查青年对自己的身高体重及比例的满意情况为:有效值为4 968人,满意人数为1 264,占总人数的25.4%;比较满意人数为1 069,占总人数的21.5%;一般人数为1 544,占总人数的31.1%;比较不满意人数为524,占总人数的10.5%;不满意人数为567,占总人数的11.4%。见表3-4-5。

表3-4-5 对身高、体重的满意度

	频率	百分比(%)
满意	1 264	25.4
比较满意	1 069	21.5
一般	1 544	31.1
比较不满意	524	10.5
不满意	567	11.4
总计	4 968	100.0

3.青岛市青年体育锻炼水平一般

本次调查青年参加体育锻炼的情况为:有效值为4 956人,总是参加体育锻炼的人数为355人,占总人数的7.2%;经常参加体育锻炼的人数为828人,占总人数的16.7%;有时参加体育锻炼的人数为1 544人,占总人数的31.2%;偶尔参加体育锻炼的人数为1 807人,占总人数的36.5%;从不参加体育锻炼的人数为422人,占总人数的8.5%。见表3-4-6。总体上看,青年的体育锻炼情况一般,频次、时间水平都比较低。

表3-4-6 体育锻炼频次

	频率	百分比(%)
总是参加	355	7.2
经常参加	828	16.7
有时参加	1 544	31.2
偶尔参加	1 807	36.5
从不参加	422	8.5
总计	4 956	100.0

本次调查青年每次体育锻炼时间的情况为:有效值为4 517人,每次体育

锻炼时间在30分钟以下的人数为2 210人,占总人数的48.9%;每次体育锻炼时间在30~60分钟的人数为1 789人,占总人数的39.6%;每次体育锻炼时间在60分钟以上的人数为518人,占总人数的11.5%。见表3-4-7。总体上看,大部分青年每次运动的时间比较短。

表3-4-7 体育锻炼时间

	频率	百分比(%)
30分钟以下	2 210	48.9
30~60分钟	1 789	39.6
60分钟以上	518	11.5
总计	4 517	100.0

4. 青岛市大部分青年睡眠时间比较充足

本次调查青年每天的睡眠时间情况为:有效值为4 972人,每天睡眠时间在5小时以下的为117人,占总人数的2.4%;每天睡眠时间在5~7小时的为1 757人,占总人数的35.3%;每天睡眠时间在7~9小时的为2 856人,占总人数的57.4%;每天睡眠时间在9小时以上的为242人,占总人数的4.9%。见表3-4-8。

表3-4-8 每天睡眠时间

	频率	百分比(%)
5小时以下	117	2.4
5~7小时	1 757	35.3
7~9小时	2 856	57.4
9小时以上	242	4.9
总计	4 972	100.0

但是,超过1/5的青年仍然存在失眠问题。本次调查青年失眠经历的情况为:有效值为4 906人,没有过失眠经历的人数为1 221,占总人数的24.9%;偶尔有失眠经历的人数为2 638人,占总人数的53.8%;有时有失眠经历的人数为706人,占总人数的14.4%;经常失眠的为300人,占总人数的6.1%;总是有失眠经历的为41人,占总人数的0.8%。见表3-4-9。

表 3-4-9　您有过失眠经历吗

	频率	百分比(%)
没有	1 221	24.9
偶尔	2 638	53.8
有时	706	14.4
经常	300	6.1
总是	41	0.8
总计	4 906	100.0

本次调查青年习惯晚上几点睡觉的情况为:有效值为 4 975 人,20 点之前睡觉的人数为 60 人,占总人数的 1.2%;20~22 点睡觉的人数为 1 297 人,占总人数的 26.1%;22~24 点睡觉的人数为 3163 人,占总人数的 63.6%;24 点以后睡觉的人数为 455 人,占总人数的 9.1%。见表 3-4-10。

表 3-4-10　您习惯晚上几点睡觉

	频率	百分比(%)
20 点之前	60	1.2
20~22 点	1 297	26.1
22~24 点	3 163	63.6
24 点以后	455	9.1
总计	4 975	100.0

5.青岛市青年饮食结构比较合理

本次调查青年喜欢的食品情况为:有效值为 4 971 人,3 724 人喜欢的食品为蔬菜瓜果类,占总人数的 74.9%;1 697 人喜欢的食品为米饭,占总人数的 34.1%;2 530 人喜欢的食品为肉食类,占总人数的 50.9%;1 177 人喜欢的食品为蔬菜零食类,占总人数的 23.7%;231 人喜欢的食品为其他,占总人数的 4.6%。见表 3-4-11。

表 3-4-11　您比较喜爱下列哪些食品(多选)

	频率	百分比(%)
蔬菜瓜果类	3 724	74.9

（续表）

	频率	百分比（%）
米饭等主食类	1 697	34.1
肉食类	2 530	50.9
零食类	1 177	23.7
其他	231	4.6
有效	4 971	100.0

本次调查青年吃早餐的情况为：有效值为 4 966 人，每天吃早餐的为 2 641 人，占总人数的 53.2%；经常吃早餐的为 1 193 人，占总人数的 24.0%；有时吃早餐的为 589 人，占总人数的 11.9%；偶尔吃早餐的为 456 人，占总人数的 9.2%；没有过吃早餐经历的为 87 人，占总人数的 1.8%。见表 3-4-12。

表 3-4-12　您吃早餐吗

	频率	百分比（%）
每天	2 641	53.2
经常	1 193	24.0
有时	589	11.9
偶尔	456	9.2
没有	87	1.8
总计	4 966	100.0

本次调查青年平时三餐吃快餐的情况为：有效值为 4 971 人，总是平时三餐吃快餐的为 287 人，占总人数的 5.8%；经常平时三餐吃快餐的为 676 人，占总人数的 13.6%；有时平时三餐吃快餐的为 1 103 人，占总人数的 22.2%；偶尔平时三餐吃快餐的为 2 371 人，占总人数的 47.7%；没有平时三餐吃快餐的为 534 人，占总人数的 10.7%。见表 3-4-13。

表 3-4-13　您平时三餐吃快餐吗

	频率	百分比（%）
总是	287	5.8
经常	676	13.6
有时	1 103	22.2

(续表)

	频率	百分比(%)
偶尔	2 371	47.7
没有	534	10.7
总计	4 971	100.0

6.青岛市青年其他方面的情况

本次调查青年参加体检频率的情况为:有效值为 4 967 人,参加体检频率一年两次或以上的为 328 人,占总人数的 6.6%;参加体检频率一年一次的为 2 316 人,占总人数的 46.6%;参加体检频率两年一次的为 534 人,占总人数的 10.8%;很少参加体检的为 1 546 人,占总人数的 31.1%;从没有参加过体检的为 243 人,占总人数的 4.9%。见表 3-4-14。

表 3-4-14　参加体检的频率

	频率	百分比(%)
一年两次或以上	328	6.6
一年一次	2316	46.6
两年一次	534	10.8
很少体检	1 546	31.1
没有过	243	4.9
总计	4 967	100.0

本次调查青年近一年内患过感冒次数的情况为:有效值为 4 970 人,一年内患过感冒 0 次的为 748 人,占总人数的 15.1%;一年内患过感冒 1～2 次的为 3 164 人,占总人数的 63.7%;一年内患过感冒 3～5 次的为 921 人,占总人数的 18.5%;一年内患过感冒 6～8 次的为 85 人,占总人数的 1.7%;一年内患过感冒 8 次以上的为 52 人,占总人数的 1.0%。见表 3-4-15。

表 3-4-15　您近一年内患过几次感冒

	频率	百分比(%)
0 次	748	15.1
1～2 次	3 164	63.7

（续表）

	频率	百分比（%）
3～5 次	921	18.5
6～8 次	85	1.7
8 次以上	52	1.0
总计	4 970	100.0

本次调查青年认为健康包括哪些方面的情况为：有效值为 4 959 人，认为包括躯体健康的为 4 532 人，占总人数的 91.4%；认为包括心理健康的为 4 637 人，占总人数的 93.5%；认为包括社会适应良好的为 3 533 人，占总人数的 71.2%；认为包括道德健康的为 4 039 人，占总人数的 81.4%；认为健康包括其他的为 500 人，占总人数的 10.1%。见表 3-4-16。

表 3-4-16 您认为健康包括哪些方面（多选）

	频率	百分比（%）
躯体健康	4 532	91.4
心理健康	4 637	93.5
社会适应良好	3 533	71.2
道德健康	4 039	81.4
其他	500	10.1
有效	4 959	100.0

本次调查青年一般通过哪些渠道获得性知识的情况为：有效值为 4 943 人，认为通过家庭获取性知识的为 1 221 人，占总人数的 24.7%；认为通过学校获取性知识的为 1 637 人，占总人数的 33.1%；认为通过同伴朋友获取性知识的为 2 463 人，占总人数的 49.8%；认为通过影视网络获取性知识的为 3 027 人，占总人数的 61.2%；认为通过书刊杂志获取性知识的为 2 344 人，占总人数的 47.4%；认为通过其他渠道获取性知识的为 762 人，占总人数的 15.4%。见表 3-4-17。

表 3-4-17 您一般通过哪些渠道获取性知识（多选）

	频率	百分比（%）
家庭	1 221	24.7

（续表）

	频率	百分比（%）
学校	1 637	33.1
同伴朋友	2 463	49.8
影视网络	3 027	61.2
书刊杂志	2 344	47.4
其他	762	15.4
有效	4 943	100.0

本次调查青年认为哪些是艾滋病的传播途径的情况为：有效值为 4 963人，认为通过性传播的为 4 714 人，占总人数的 95.0%；认为通过唾液传播的为 1 706 人，占总人数的 34.4%；认为通过空气传播的为 458 人，占总人数的 9.2%；认为通过血液传播的为 4 394 人，占总人数的 88.5%；认为通过母婴传播的为 3 781 人，占总人数的 76.2%。见表 3-4-18。

表 3-4-18　您认为哪些是艾滋病的传播途径（多选）

	频率	百分比（%）
性传播	4 714	95.0
唾液传播	1 706	34.4
空气传播	458	9.2
血液传播	4 394	88.5
母婴传播	3 781	76.2
有效	4 963	100.0

本次调查青年近半年来喝咖啡或浓茶的情况为：有效值为 4 950 人，从不喝咖啡或浓茶的为 1 285 人，占总人数的 26.0%；极少喝咖啡或浓茶的为 1 519 人，占总人数的 30.7%；偶尔喝咖啡或浓茶的为 1 484 人，占总人数的 30.0%；经常喝咖啡或浓茶的为 533 人，占总人数的 10.8%；每天喝咖啡或浓茶的为 129 人，占总人数的 2.6%。见表 3-4-19。

表 3-4-19　近半年来您喝过咖啡或浓茶吗

	频率	百分比（%）
从未	1 285	26.0

（续表）

	频率	百分比（%）
极少	1 519	30.7
偶尔	1 484	30.0
经常	533	10.8
每天	129	2.6
总计	4 950	100.0

　　本次调查青年近半年来吸烟的情况为：有效值为 4 936 人，从未吸烟的为 3 546 人，占总人数的 71.8%；极少吸烟的为 351 人，占总人数的 7.1%；偶尔吸烟的为 292 人，占总人数的 5.9%；经常吸烟的为 321 人，占总人数的 6.5%；每天吸烟的为 426 人，占总人数的 8.6%。见表 3-4-20。

表 3-4-20　近半年来您吸过烟吗

	频率	百分比（%）
从未	3 546	71.8
极少	351	7.1
偶尔	292	5.9
经常	321	6.5
每天	426	8.6
总计	4 936	100.0

　　本次调查青年近半年来喝酒的情况为：有效值为 4 935 人，从不喝酒的为 1 643 人，占总人数的 33.3%；极少喝酒的为 1 343 人，占总人数的 27.2%；偶尔喝酒的为 1 527 人，占总人数的 30.9%；经常喝酒的为 385 人，占总人数的 7.8%；每天喝酒的为 37 人，占总人数的 0.7%。见表 3-4-21。

表 3-4-21　近半年来您喝过酒吗

	频率	百分比（%）
从未	1 643	33.3
极少	1 343	27.2
偶尔	1 527	30.9
经常	385	7.8

（续表）

	频率	百分比（%）
每天	37	0.7
总计	4 935	100.0

本次调查青年近半年来服用安眠药的情况为：有效值为 4 921 人，从未服用过安眠药的为 4 790 人，占总人数的 97.3%；极少服用安眠药的为 79 人，占总人数的 1.6%；偶尔服用安眠药的为 33 人，占总人数的 0.7%；经常服用安眠药的为 16 人，占总人数的 0.3%；每天服用安眠药的为 3 人，占总人数的 0.1%。见表 3-4-22。

表 3-4-22　近半年来您服用过安眠药吗

	频率	百分比（%）
从未	4 790	97.3
极少	79	1.6
偶尔	33	0.7
经常	16	0.3
每天	3	0.1
总计	4 921	100.0

本次调查青年近半年来使用减肥药、减肥茶的情况为：有效值为 4 928 人，从未使用减肥药、减肥茶的为 4 687 人，占总人数的 95.1%；极少使用减肥药、减肥茶的为 149 人，占总人数的 3.0%；偶尔使用减肥药、减肥茶的为 73 人，占总人数的 1.5%；经常使用减肥药、减肥茶的为 14 人，占总人数的 0.3%；每天使用减肥药、减肥茶的为 5 人，占总人数的 0.1%。见表 3-4-23。

表 3-4-23　近半年来您使用过减肥药、减肥茶吗

	频率	百分比（%）
从未	4 687	95.1
极少	149	3.0
偶尔	73	1.5
经常	14	0.3
每天	5	0.1

（续表）

	频率	百分比（%）
总计	4 928	100.0

本次调查青年近半年来使用致幻剂的情况为：有效值为 4 929 人，从未使用过致幻剂的为 4 900 人，占总人数的 99.4%；极少使用致幻剂的为 12 人，占总人数的 0.2%；偶尔使用致幻剂的为 10 人，占总人数的 0.2%；经常使用致幻剂的为 4 人，占总人数的 0.1%；每天使用致幻剂的有 3 人，占总人数的 0.1%。见表 3-4-24。

表 3-4-24　近半年来您使用过致幻剂吗？

	频率	百分比（%）
从未	4 900	99.4
极少	12	0.2
偶尔	10	0.2
经常	4	0.1
每天	3	0.1
总计	4 929	100.0

本次调查青年近半年来使用麻醉剂的情况为：有效值为 4 932 人，从未用过麻醉剂的为 4 888 人，占总人数的 99.1%；极少使用麻醉剂的为 23 人，占总人数的 0.5%；偶尔用麻醉剂的为 15 人，占总人数的 0.3%；经常使用麻醉剂的有 3 人，占总人数的 0.1%；每天使用麻醉剂的有 3 人，占总人数的 0.1%。见表 3-4-25。

表 3-4-25　近半年来您用过麻醉剂吗（比如吗啡、可待因、海洛因等）

	频率	百分比（%）
从未	4 888	99.1
极少	23	0.5
偶尔	15	0.3
经常	3	0.1
每天	3	0.1
总计	4 932	100.0

本次调查青年近一周内恶心或肠胃不适的情况为：有效值为 4 954 人，从未有过恶心或肠胃不适状况的为 2 605 人，占总人数的 52.6%；有过轻度恶心或肠胃不适情况的为 1 940 人，占总人数的 39.2%；有过中度恶心或肠胃不适情况的为 314 人，占总人数的 6.3%；恶心或肠胃不适情况偏重的为 72 人，占总人数的 1.5%；有严重恶心或肠胃不适情况的为 23 人，占总人数的 0.5%，见表 3-4-26。

表 3-4-26　近一周内您恶心或肠胃不适吗

	频率	百分比（%）
从无	2 605	52.6
轻度	1 940	39.2
中度	314	6.3
偏重	72	1.5
严重	23	0.5
总计	4954	100.0

本次调查青年近一周内担心自己的衣饰整齐或仪态端庄的情况为：有效值为 4 934 人，从未担心自己的衣饰整齐或仪态端庄的为 2 065 人，占总人数的 41.9%；轻度担心自己的衣饰整齐或仪态端庄的为 1 739 人，占总人数的 35.2%；中度担心自己的衣饰整齐或仪态端庄的为 859 人，占总人数的 17.4%；偏重担心自己的衣饰整齐或仪态端庄的为 201 人，占总人数的 4.1%；严重担心自己的衣饰整齐或仪态端庄的为 70 人，占总人数的 1.4%。见表 3-4-27。

表 3-4-27　近一周内您担心自己的衣饰整齐或仪态端庄吗

	频率	百分比（%）
从无	2 065	41.9
轻度	1 739	35.2
中度	859	17.4
偏重	201	4.1
严重	70	1.4
总计	4 934	100.0

本次调查青年近一周内自卑感的情况为：有效值为 4 937 人，从未有过自卑感的为 3 496 人，占总人数的 70.8%；有轻度自卑感的为 1 133 人，占总人数的 22.9%；有中度自卑感的人数为 245 人，占总人数的 5.0%；自卑感偏重的为 46 人，占总人数的 0.9%；自卑感严重的为 17 人，占总人数的 0.3%。见表 3-4-28。

表 3-4-28 近一周内您有自卑感吗

	频率	百分比（%）
从无	3 496	70.8
轻度	1 133	22.9
中度	245	5.0
偏重	46	0.9
严重	17	0.3
总计	4 937	100.0

本次调查青年近一周内有否自杀念头的情况为：有效值为 4 940 人，从未有自杀念头的为 4 683 人，占总人数的 94.8%；有轻度自杀念头的为 197 人，占总人数的 4.0%；有中度自杀念头的为 35 人，占总人数的 0.7%；有较重自杀念头的为 13 人，占总人数的 0.3%；有严重自杀念头的人数为 12 人，占总人数的 0.2%。见表 3-4-29。

表 3-4-29 近一周内您有自杀的念头吗

	频率	百分比（%）
从无	4 683	94.8
轻度	197	4.0
中度	35	0.7
偏重	13	0.3
严重	12	0.2
总计	4 940	100.0

本次调查青年近半年来有无恐惧感的情况为：有效值为 4 934 人，从未有恐惧感的为 3 946 人，占总人数的 80%；有轻度恐惧感的为 798 人，占总人数的 16.2%；有中度恐惧感的为 135 人，占总人数的 2.7%；有偏重恐惧感的为 35 人，

占总人数的 0.7%；有严重恐惧感的为 20 人，占总人数的 0.4%。见表 3-4-30。

表 3-4-30　近半年来您有恐惧感吗

	频率	百分比（%）
从无	3 946	80.0
轻度	798	16.2
中度	135	2.7
偏重	35	0.7
严重	20	0.4
总计	4 934	100.0

本次调查青年近一周内能否控制大发脾气的情况为：有效值为 4 935 人，从不大发脾气的为 2 910 人，占总人数的 59%；轻度不能控制大发脾气的为 1 531 人，占总人数的 31%；中度不能控制大发脾气的为 354 人，占总人数的 7.2%；较重度不能控制大发脾气的为 101 人，占总人数的 2%；严重不能控制大发脾气的人数为 39 人，占总人数的 0.8%。见表 3-4-31。

表 3-4-31　近一周内您能否控制大发脾气

	频率	百分比（%）
从无	2 910	59.0
轻度	1 531	31.0
中度	354	7.2
偏重	101	2.0
严重	39	0.8
总计	4 935	100.0

本次调查青年近一周内是否害怕乘电车、公共汽车、地铁或火车的情况为：有效值为 4 938 人，从未害怕乘电车、公共汽车、地铁或火车的为 4 552 人，占总人数的 92.2%；轻度害怕乘电车、公共汽车、地铁或火车的为 306 人，占总人数的 6.2%；中度害怕乘电车、公共汽车、地铁或火车的为 49 人，占总人数的 1.0%；较重度害怕乘电车、公共汽车、地铁或火车的为 12 人，占总人数的 0.2%；严重害怕乘电车、公共汽车、地铁或火车的人数为 19 人，占总人数的

0.4%。见表 3-4-32。

表 3-4-32 近一周内您害怕乘电车、公共汽车、地铁或火车吗

	频率	百分比(%)
从无	4 552	92.2
轻度	306	6.2
中度	49	1.0
偏重	12	0.2
严重	19	0.4
总计	4 938	100.0

本次调查青年近一周内感到大多数人都不可信任的情况为:有效值为 4 940 人,从未感到大多数人都不可信任的为 3 806 人,占总人数的 77%;轻度感到大多数人都不可信任的为 877 人,占总人数的 17.8%;中度感到大多数人都不可信任的为 179 人,占总人数的 3.6%;较重度感到大多数人都不可信任的为 48 人,占总人数的 1.0%;严重感到大多数人都不可信任的人数为 30 人,占总人数的 0.6%。见表 3-4-33。

表 3-4-33 近一周内您感到大多数人都不可信任吗

	频率	百分比(%)
从无	3 806	77.0
轻度	877	17.8
中度	179	3.6
偏重	48	1.0
严重	30	0.6
总计	4 940	100.0

本次调查青年近一周内能否听到旁人听不到的声音的情况为:有效值为 4 942 人,从未听到旁人听不到的声音的为 4 594 人,占总人数的 93%;能轻度听到旁人听不到的声音的为 285 人,占总人数的 5.8%;能中度听到旁人听不到的声音的为 41 人,占总人数的 0.8%;能较重度听到旁人听不到的声音的为 11 人,占总人数的 0.2%;能严重听到旁人听不到的声音的人数为 11 人,占总人数

的 0.2%。见表 3-4-34。

表 3-4-34 近一周内您会听到旁人听不到的声音吗

	频率	百分比(%)
从无	4 594	93.0
轻度	285	5.8
中度	41	0.8
偏重	11	0.2
严重	11	0.2
总计	4 942	100.0

本次调查青年近一周内是否难以入睡的情况为:有效值为 4 941 人,从未有过难以入睡现象的为 3 597 人,占总人数的 72.8%;轻度难以入睡的为 1 056 人,占总人数的 21.4%;中度难以入睡的为 185 人,占总人数的 3.7%;较重度难以入睡的为 70 人,占总人数的 1.4%;严重难以入睡的人数为 33 人,占总人数的 0.7%。见表 3-4-35。

表 3-4-35 近一周内您是否难以入睡

	频率	百分比(%)
从无	3 597	72.8
轻度	1 056	21.4
中度	185	3.7
偏重	70	1.4
严重	33	0.7
总计	4 941	100.0

本次调查青年近半年来参加心理健康课程、讲座或活动的情况为:有效值为 4 967 人,没有参加过心理健康课程、讲座或活动的为 2 990 人,占总人数的 60.2%;偶尔参加心理健康课程、讲座或活动的为 1 466 人,占总人数的 29.5%;有时参加心理健康课程、讲座或活动的为 423 人,占总人数的 8.5%;经常参加心理健康课程、讲座或活动的为 71 人,占总人数的 1.4%;总是参加心理健康课程、讲座或活动的为 17 人,占总人数的 0.3%。见表 3-4-36。

表 3-4-36 参加心理健康课程、讲座或活动的情况

	频率	百分比（%）
没有	2 990	60.2
偶尔	1 466	29.5
有时	423	8.5
经常	71	1.4
总是	17	0.3
总计	4 967	100.0

　　本次调查青年近半年来认为有没有必要参加有关心理健康的学习与活动的情况为：有效值为 4 964 人，认为非常有必要参加有关心理健康的学习与活动的为 1 320 人，占总人数的 26.6%；认为有必要参加有关心理健康的学习与活动的为 1 151 人，占总人数的 23.2%；认为一般来说有必要参加有关心理健康的学习与活动的人数为 1 323 人，占总人数的 26.7%；认为不太有必要参加有关心理健康的学习与活动的为 681 人，占总人数的 13.7%；认为完全不需要参加有关心理健康的学习与活动的为 489 人，占总人数的 9.9%。见表 3-4-37。

表 3-4-37 您认为有没有必要参加有关心理健康的学习与活动

	频率	百分比（%）
非常必要	1 320	26.6
比较重要	1 151	23.2
一般	1 323	26.7
不太有必要	681	13.7
完全不需要	489	9.9
总计	4 964	100.0

五、青年职业认同与发展

(一)职业认同及其测量

职业认同是一个心理学概念,是指个体对于所从事职业的肯定性评价。职业认同是由自我同一性(Ego Identity)发展而来的一个概念。美国学者阿瑟•萨尔兹认为"职业"是人们为了获取经常性的收入而从事连续性的特殊活动,是社会分工体系中人们所获得的一种劳动角色,是最具体、最精细、最专门的社会分工。作为一种社会群体的表现形式,职业群体内部的成员对职业的认同遵循社会认同的基本规律。对不同工作的认同、对专业团体的认同,可以认为是对某一专业领域或职业的认同。显然,学者们界定职业认同内涵时所选取的着力点存在差异。国内学者也对职业认同的界定进行了探究,如魏淑华认为职业认同是个体的职业社会化的结果[①];安秋玲认为职业认同是基于职业特征,从投身的工作中获得情感体验,从而将自身的职业与自我身份定位挂钩[②];乜琪认为职业认同的本质是职业社会化的过程和结果[③]。国内外学者对职业认同概念的界定存在一定差异,但其共同点是基于个体对职业的评价、喜爱和体验。本研究认为职业认同是个体对所从事工作的正向评价以及由此带来的积极体验。

职业认同测量维度是对职业认同研究的主要环节,学术界对职业认同的维度基于不同标准划分了不同的维度,包括自我认同、关系认同、组织认同、参照群体认同、行为模式和行为倾向等。本研究主要是利用问卷法对青岛市青年职业认知进行研究,分别从组织认同、自我认同、关系认同、工作稳定性以及对公务员群体认知的维度进一步分析青岛市青年职业认同情况。

---

① 魏淑华. 教师职业认同与教师专业发展 [D]. 曲阜:曲阜师范学院,2005.

② 安秋玲. 社会工作者职业认同的影响因素 [J]. 华东理工大学学报:社会科学版,2010,99(2):39-47.

③ 高艳,乔志宏,宋慧婷. 职业认同研究现状与展望 [J]. 北京师范大学学报,2011.

（二）职业认同的基本状况

1. 组织认同

单位的制度体系是指工作单位中有利于维持工作良性运行的办事规程与工作准则，是指与工作密切联系的有机整体。其运行包含多种有机部分的运行单位的福利体系、人情伦理体系等。在对青岛市的青年对"所在单位中有较完善的制度体系"同意情况调查中（表3-5-1），同意的比例高达64.4%；并且，在对"青年对单位关心程度的满意度"调查中，有57.9%的青年能够感受到单位群体带来的关心和照顾（表3-5-2）。

具体而言，本次调查青年对"所在单位中有较完善的制度体系"同意的情况为：有效值为4 267人，完全不同意的为154人，占总人数的3.6%；不太同意的为262人，占总人数的6.1%；认为一般的为1 088人，占总人数的25.5%；比较同意的为1 585人，占总人数的37.1%；完全同意的为1 164人，占总人数的27.3%；不适宜回答的为14人，占总人数的0.3%。

这两项结果表明，从总体来讲，青年对单位的制度体系是比较满意的，制度完善程度以及福利制度建设发展良好。

表3-5-1　您是否同意"单位有较完善的制度体系"

	频率	百分比（%）
完全不同意	154	3.6
不太同意	262	6.1
一般	1 088	25.5
比较同意	1 585	37.1
完全同意	1 164	27.3
不适用	14	0.3
总计	4 267	100.0

本次调查青年对"您能够感觉到单位对您生活上的关心"同意的情况为：有效值为4 267人，完全不同意的为208人，占总人数的4.9%；不太同意的为295人，占总人数的6.9%；认为一般的为1 278人，占总人数的30.0%；比较同意的为1 346人，占总人数的31.5%；完全同意的为1 126人，占总人数的

26.4%；不适宜回答的为 14 人，占总人数的 0.3%。

表 3-5-2　您能否同意"单位对您生活上的关心"

	频率	百分比（%）
完全不同意	208	4.9
不太同意	295	6.9
一般	1 278	30.0
比较同意	1 346	31.5
完全同意	1 126	26.4
不适用	14	0.3
总计	4 267	100.0

2. 自我认同

青年对工作的自我认同体现在对职业的未来晋升空间、发展前景以及对职业认同度上面。此次调查通过这三个维度进一步去论证青年的职业认知情况。在对青年对"所在单位中有较大晋升空间"同意度调查中（表 3-5-3）有 40.2%的青年表示有较大的职业晋升空间，有 39.3%的青年表示晋升空间相对一般，但总体来讲青年对自己晋升抱以乐观态度。在对青年未来发展前景的调查中（表 3-5-4），数据显示有 63.6%的青年对未来职业具有良好的前景展望。在对单位认同度的调查中（表 3-5-5），有 73.2%的青年认为单位的成功就是本人的成功，对单位的认同程度较高。通过这三个维度的调查情况，我们可以进一步看出青岛市的青年群体对自己所从事的职业抱有高度的认同感以及对未来所从事的职业具有高度的信心，青年对职业的自我认同程度高。

表 3-5-3　您是否同意"在单位中有较大的晋升空间"

	频率	百分比（%）
完全不同意	340	8.0
不太同意	527	12.3
一般	1 678	39.3
比较同意	1 097	25.7
完全同意	618	14.5

（续表）

	频率	百分比(%)
不适用	14	0.3
总计	4 274	100.0

本次调查青年对"所在单位是否具有较好的发展前景"同意的情况为:有效值为 4 267 人,完全不同意的为 148 人,占总人数的 3.5%;不太同意的为 211人,占总人数的 4.9%;认为一般的为 1 180 人,占总人数的 27.7%;比较同意的为 1 424 人,占总人数的 33.4%;完全同意的为 1290 人,占总人数的 30.2%;不适宜回答的为 14 人,占总人数的 0.3%。

表3-5-4　您是否同意"单位具有较好的发展前景"

	频率	百分比(%)
完全不同意	148	3.5
不太同意	211	4.9
一般	1 180	27.7
比较同意	1 424	33.4
完全同意	1 290	30.2
不适用	14	0.3
总计	4 267	100.0

本次调查青年对"所在单位的成功也是您的成功"同意的情况为:有效值为 4 268 人,完全不同意的为 158 人,占总人数的 3.7%;不太同意的为 200 人,占总人数的 4.7%;认为一般的为 773 人,占总人数的 18.1%;比较同意的为 1 501 人,占总人数的 35.2%;完全同意的为 1 622 人,占总人数的 38%;不适宜回答的为 14 人,占总人数的 0.3%。

表3-5-5　您是否同意"单位的成功也是您的成功"

	频率	百分比(%)
完全不同意	158	3.7
不太同意	200	4.7
一般	773	18.1

(续表)

	频率	百分比(%)
比较同意	1 501	35.2
完全同意	1 622	38.0
不适用	14	0.3
总计	4 268	100.0

3. 关系认同

良好的关系有利于职业的稳定发展,本研究从同事关系和领导关系两个视角对青年职业认同进行调查。

（1）同事关系

在对同事关系调查中,分别从"同事的支持度"和"同事关系的良好度"这两个问题展开调查。在对"同事间的支持度"进行调查中(表 3-5-6),数据表明有 74.9% 的青年表示他们都能从同事中获得支持。同时,在对"单位同事关系"进行调查中(表 3-5-7),有 80.1% 的青年表示与同事间关系融洽。由这两个维度的调查表明,在青年的职业发展中同事关系都相对融洽,双向关系良好。

表 3-5-6 您是否同意"在单位可以得到同事的支持"

	频率	百分比(%)
完全不同意	91	2.1
不太同意	126	3.0
一般	841	19.7
比较同意	1 791	42.0
完全同意	1 403	32.9
不适用	14	0.3
总计	4 266	100.0

本次调查青年对"所在单位同事关系很融洽"同意的情况为:有效值为 4 264 人,完全不同意的为 93 人,占总人数的 2.2%;不太同意的为 88 人,占总人数的 2.1%;认为一般的为 650 人,占总人数的 15.2%;比较同意的为 1 690 人,占总人数的 39.6%;完全同意的为 1 729 人,占总人数的 40.5%;不适宜回答的为 14 人,占总人数的 0.3%。

表 3-5-7　您是否同意"单位同事关系很融洽"

	频率	百分比（%）
完全不同意	93	2.2
不太同意	88	2.1
一般	650	15.2
比较同意	1 690	39.6
完全同意	1 729	40.5
不适用	14	0.3
总计	4 264	100.0

（2）领导关系

同事和领导是在职业群体中所关注的两个元素,同事关系和领导关系在职业发展中具有很大影响。领导关系是指领导者在进行领导活动的过程中,与被领导者及领导者与领导者相互之间发生、发展和建立起来的一种工作和感情交往的关系,即领导主体在领导活动中与组织系统中的其他成员发生的工作关系和非工作关系的总和。在影响青年职业认同的因素中领导因素往往是一个重要的因素。此次调查中就领导这个因素展开对领导的个人评价调查（表3-5-8）。在此次调查中,有 73.5% 的青年表明所属单位领导容易相处。总体来说,在现代青年所处的职业活动圈内领导的个人素质比较高,上下级之间的关系和谐。

表 3-5-8　您是否同意"领导是个容易亲近的人"

	频率	百分比（%）
完全不同意	145	3.4
不太同意	158	3.7
一般	816	19.1
比较同意	1 537	36.1
完全同意	1 593	37.4
不适用	14	0.3
总计	4 263	100.0

4.工作稳定性认知

由于现代职业的流动性加强,青年所从事职业的稳定性也在不断地减弱,近年来青年更换职业的频率也在逐渐上升。针对这一社会现象,此次调查也涉及对职业稳定这一维度的测量(表3-5-9)。数据显示,有64.5%的青年表示在未来6个月换工作的概率较小。由此可以看出,青年这一社会职业群体的主力军在未来职业选择上更加谨慎,对工作的稳定性关注度也越来越高。

具体而言,本次调查"青年认为自己在未来6个月内换工作的可能性"的情况为:有效值为4 271人,认为完全有可能的为341人,占总人数的8%;认为有可能的为594人,占总人数的13.9%;不确定的为572人,占总人数的13.4%;认为不太可能的为1 498人,占总人数的35.1%;认为完全不可能的为1 257人,占总人数的29.4%;不适宜回答的为9人,占总人数的0.2%。

表3-5-9　您认为自己在未来6个月内换工作的可能性有多大

	频率	百分比(%)
完全有可能	341	8.0
有可能	594	13.9
不确定	572	13.4
不太可能	1 498	35.1
完全不可能	1 257	29.4
不适用	9	0.2
总计	4 271	100.0

(三)青年群体的公务员职业认知

2006年1月1日起施行的《中华人民共和国公务员法》明确:公务员是指依法履行公职、纳入国家行政编制、由国家财政负担工资福利的工作人员。新修订的《中华人民共和国公务员法》于2019年6月1日施行。

公务员是当下毕业生的热门选择,青年群体成为考公务员的主力军,在此次调查中,重点对青年的公务员认知进行了点差分析,分别从青年对公务员社会地位、收入福利、工作环境、发展机会、工作强度、整体道德意识和服务意识认知等维度展开调查分析。

1. 公务员社会地位

本次调研就公务员的社会地位进行了调查（表3-5-10），有67.8%的青年认为公务员具有较高的社会地位。青年群体对公务员职业具有高度的认同。

具体而言，本次调查青年"当前公务员的社会地位看法"的情况为：有效值为4 931人，认为社会地位低的为162人，占总人数的3.3%；认为社会地位较低的为303人，占总人数的6.1%；认为社会地位一般的为1 121人，占总人数的22.7%；认为社会地位较高的为1 210人，占总人数的24.5%；认为社会地位高的为2 135人，占总人数的43.3%。

表3-5-10 您觉得当前公务员的社会地位如何

	频率	百分比（%）
低	162	3.3
较低	303	6.1
一般	1 121	22.7
较高	1 210	24.5
高	2 135	43.3
总计	4 931	100.0

2. 公务员收入福利

公务员的工资收入、社会保障状况等是对公务员职业分析时应考虑的因素。本次调研就青年对公务员收入和福利水平的看法进行了调查（见表3-5-11）。调查表明，有65.3%的青年认为公务员现在的收入和福利水平都居于比较高的水平。

本次调查青年认为当前公务员的收入和福利水平如何的情况为：有效值为4 921人，认为收入和福利水平低的为192人，占总人数的3.9%；认为收入和福利水平较低的为359人，占总人数的7.3%；认为收入和福利水平一般的为1 156人，占总人数的23.5%；认为收入和福利水平较高的为1 232人，占总人数的25%；认为收入和福利水平高的为1 982人，占总人数的40.3%。

从这些数据可以看出，公务员的工资收入总体来说是可观的，这也进一步说明了青年选择公务员的一大原因。

表 3-5-11　您觉得当前公务员的收入和福利水平如何

	频率	百分比（%）
低	192	3.9
较低	359	7.3
一般	1 156	23.5
较高	1 232	25.0
高	1 982	40.3
总计	4 921	100.0

3.公务员工作环境

环境是工作的载体,就公务员工作环境本次调查数据表明(表 3-5-12),有76.7%的青年认为当前公务员工作的环境是良好的,公务员相对优越和轻松的工作环境是当前青年选择公务员的原因之一。公务员群体工作的单位是相对完善和严格的体系,接触到的人员也是社会阶层中处于中上层的群体,因此青年群体对公务员的工作环境持有较高的评价。

表 3-5-12　您觉得当前公务员的工作环境如何

	频率	百分比（%）
低	89	1.8
较低	222	4.5
一般	835	17.0
较高	1 319	26.8
高	2 453	49.9
总计	4 918	100.0

4.公务员的发展机会

在前面的调查分析中,阐述了职业发展前景和机会对职业选择的影响,此次调查又进一步以公务员为载体,分析青年对公务员的发展机会认知。此次调查数据显示(表 3-5-13),有 62.9%的青年对公务员的发展机会和空间抱有乐观态度,对公务员的晋升机会和发展前景都相对乐观。

本次调查青年对当前公务员发展机会看法的情况为：有效值为4 909人，认为发展机会低的为178人，占总人数的3.6%；认为发展机会较低的为431人，占总人数的8.8%；认为发展机会一般的为1 212人，占总人数的24.7%；认为发展机会较高的为1 175人，占总人数的23.9%；认为发展机会高的为1 913人，占总人数的39.0%。

表3-5-13　您觉得当前公务员的发展机会如何

	频率	百分比（%）
低	178	3.6
较低	431	8.8
一般	1 212	24.7
较高	1 175	23.9
高	1 913	39.0
总计	4 909	100.0

5. 公务员工作强度

工作强度是择业过程的重要衡量因素，关系到个人的身心健康发展。此次研究分析了青年对公务员工作强度的认知。本次调查中，有37.8%的青年认为当前公务员工作强度相对较低，29%的青年认为公务员工作强度一般。

具体而言，本次调查青年对当前公务员工作强度看法的情况为：有效值为4 915人，认为工作强度低的为935人，占总人数的19%；认为工作强度较低的为926人，占总人数的18.8%；认为工作强度一般的为1 425人，占总人数的29%；认为工作强度较高的为753人，占总人数的15.3%；认为工作强度高的为876人，占总人数的17.8%。见表3-5-14。

总体来说，青年群体认为公务员的工作相对轻松，工作强度不大，有着相对多的闲暇时间。

表3-5-14　您觉得当前公务员的工作强度如何

	频率	百分比（%）
低	935	19.0
较低	926	18.8

（续表）

	频率	百分比（%）
一般	1 425	29.0
较高	753	15.3
高	876	17.8
总计	4 915	100.0

6. 公务员的道德意识和服务意识

职业道德是当下职业发展的重要指标,对职业道德的关注和认知体现在现代职业发展中。本次调研调查了青年对公务员道德和服务意识的认知情况。调查表明,在青年的认知层次中公务员的道德意识和服务意识都一般化,进一步表明现代社会中公务员的职业道德建设相对比较薄弱,整体的道德和服务意识不容乐观,公务员群体的精神文明建设不够深入。（参见表 3-5-15 和表 3-5-16）

本次调查青年对当前公务员整体道德意识看法的情况为:有效值为 4 918人,认为整体道德意识低的为 462 人,占总人数的 9.4%;认为整体道德意识较低的为 690 人,占总人数的 14%;认为整体道德意识一般的为 1 702 人,占总人数的 34.6%;认为整体道德意识较高的为 1 128 人,占总人数的 22.9%;认为整体道德意识高的为 936 人,占总人数的 19%。见表 3-5-15。

表 3-5-15　您觉得当前公务员的整体道德意识如何

	频率	百分比（%）
低	462	9.4
较低	690	14.0
一般	1 702	34.6
较高	1 128	22.9
高	936	19.0
总计	4 918	100.0

本次调查青年对当前公务员服务意识看法的情况为:有效值为 4 923 人,认为服务意识低的为 735 人,占总人数的 14.9%;认为服务意识较低的为 842

人,占总人数的 17.1%;认为服务意识一般的为 1 560 人,占总人数的 31.7%;认为服务意识较高的为 953 人,占总人数的 19.4%;认为服务意识高的为 833 人,占总人数的 16.9%。见表 3-5-16。

表 3-5-16　您觉得当前公务员的服务意识如何

	频率	百分比(%)
低	735	14.9
较低	842	17.1
一般	1 560	31.7
较高	953	19.4
高	833	16.9
总计	4 923	100.0

公务员作为现代社会的主要就业选择之一,在中国社会影响力甚大。此次调查通过 7 个维度简单分析了青年对该职业的认知。调查表明,青年对公务员这一职业在现代职业选择中的地位、认同度以及公务员的收入和福利、工作环境等具有很高的评价,但对其精神建设层面的认同程度低,这也凸显了今后公务员建设改进的着力点。

(四)影响青年择业的因素

青年就业过程中考虑的因素是多元的。此次调查就影响青年的择业就业因素进行了调查分析。调查数据显示,青年在选择工作时首要考虑的因素有工资待遇、发展机会、行业类型;相比较来说,老乡关系和培训等影响力小。

本次调查青年在找工作中首要考虑的因素的情况为:有效值为 4 948 人,把工资待遇作为找工作首要考虑因素的为 4 506 人,占总人数的 91.1%;把住房条件作为找工作首要考虑因素的为 1 094 人,占总人数的 22.1%;把城市印象作为找工作首要考虑因素的为 1 058 人,占总人数的 21.4%;把老乡关系作为找工作首要考虑因素的为 139 人,占总人数的 2.8%;把行业类型作为找工作首要考虑因素的为 2 185 人,占总人数的 44.2%;把培训机会作为找工作首要考虑因素的为 807 人,占总人数的 16.3%;把发展机会作为找工作首要考虑因素的为 3 725 人,占总人数的 75.3%。见表 3-5-17。

表 3-5-17　您选择工作时首要考虑的因素是什么(多选)

	频率	百分比(%)
工资待遇	4 506	91.1
住房条件	1 094	22.1
城市印象	1 058	21.4
老乡关系	139	2.8
行业类型	2 185	44.2
培训机会	807	16.3
发展机会	3 725	75.3
有效	4 948	100.0

六、青年群体政治参与状况

政治参与是现代民主政治的核心内容和基本特征,是政治现代化的根本标志之一,而鼓励和扩大公民有序政治参与则是民主政治发展理念的重要组成部分。青年群体政治参与即把普通公民具体限定为青年。相比较于其他社会群体,现代社会的青年群体具有较高的文化水平和政治素养,是国家进步、社会发展的中坚力量。

青年群体政治参与研究对于地区政治工作的意义极其重要:一方面,对于青年群体来说,他们政治参与度的高低直接反映出自身政治素养的高低;另一方面,对于地区政府来说,青年群体政治参与度的高低以及共青团员的政治参与情况间接反映出政府民主政治和团建工作的成效是否显著。此外,青年群体政治参与度与整个国家的政治民主化发展也有着重要关联。在当前社会发展中,大部分国家、地区都日益重视民主政治的发展,一个政治参与度很低的国家是无法谈及国家发展的。对青年群体政治参与度进行研究,对于提高青年群体的政治素养、促进地区政治宣传工作、推动社会和谐发展具有十分重要的作用。

(一)青年群体政治认知水平高

青岛市青年发展综合情况调查涉及青年政治认知,主要包括国家认同、公民权利与义务、公共事务发言权、国家海洋权益、合法权益维护等。

1. 青年群体的国家认同度高

对"我为国家取得的成就而感到自豪"这一观点进行评价时,在被调查的有效样本中,比较认同及完全同意"我为国家取得的成就而感到自豪"的青年群体人次占比为85.1%。可见,青岛市青年群体国家认同水平较高。

具体而言,持完全不同意态度的为145人次,占比为2.9%;持不太同意态度的为73人次,占比为1.5%;持一般态度的为519人次,占比为10.5%;持比较同意态度的为1 129人次,占比为22.8%;持完全同意态度的为3 086人次,占比为62.3%。见表3-6-1。

表 3-6-1　您是否同意"我为国家取得的成就而感到自豪"

	频率	百分比（%）
完全不同意	145	2.9
不太同意	73	1.5
一般	519	10.5
比较同意	1 129	22.8
完全同意	3 086	62.3
总计	4 952	100.0

2. 青年群体对公民基本权利和义务的了解程度高

对"我了解公民的基本权利和基本义务"这一观点进行评价时,在被调查的有效样本中,持完全不同意态度的为 122 人次,占比为 2.5%;持不太同意态度的为 113 人次,占比为 2.3%;持一般态度的为 1 121 人次,占比为 22.7%;持比较同意态度的为 1 551 人次,占比为 31.4%;持完全同意态度的为 2 037 人次,占比为 41.2%。见表 3-6-2。

有 72.6% 的人比较或完全同意该观点,因此可以说,青岛市青年群体对公民基本权利和基本义务了解的程度较高。

表 3-6-2　您是否同意"我了解公民的基本权利与基本义务"

	频率	百分比（%）
完全不同意	122	2.5
不太同意	113	2.3
一般	1 121	22.7
比较同意	1 551	31.4
完全同意	2 037	41.2
总计	4 944	100.0

3. 青年群体海洋权益与海洋保护意识水平高

首先,青年群体海洋国土观念水平高。对"海洋领土是我国领土的一部分"这一观点进行评价时,在被调查的有效样本中,持完全不同意态度的为 124 人次,占比为 2.5%;持不太同意态度的为 42 人次,占比为 0.8%;持一般态度的为 378 人次,占比为 7.6%;持比较同意态度的为 891 人次,占比为 18%;持完全同意态度的为 3 510 人次,占比为 71%。见表 3-6-3。

表 3-6-3　您是否同意"海洋领土是我国领土的一部分"

	频率	百分比（%）
完全不同意	124	2.5
不太同意	42	0.8
一般	378	7.6
比较同意	891	18.0
完全同意	3 510	71.0
总计	4 945	100.0

大多数青年认为海洋开发是国家强大的必由之路。对"发展海洋事业才能强大国家"这一观点进行评价时,在被调查的有效样本中,持完全不同意态度的为 131 人次,占比为 2.6%;持不太同意态度的为 113 人次,占比为 2.3%;持一般态度的为 772 人次,占比为 15.6%;持比较同意态度的为 1 300 人次,占比为 26.3%;持完全同意态度的为 2 629 人次,占比为 53.2%。见表 3-6-4。

表 3-6-4　您是否同意容易"发展海洋事业才能强大国家"

	频率	百分比（%）
完全不同意	131	2.6
不太同意	113	2.3
一般	772	15.6
比较同意	1 300	26.3
完全同意	2 629	53.2
总计	4 945	100.0

青年群体比较关注海洋权益争端的热点问题。钓鱼岛自古以来就是我国的固有领土。在钓鱼岛问题上,超过半数的青年人比较了解和非常清楚钓鱼岛问题。具体而言,在被调查的有效样本中,对钓鱼岛问题非常清楚的为 736 人次,占比为 14.8%;对钓鱼岛问题比较了解的为 1 843 人次,占比为 37.1%;对钓鱼岛问题一般了解的为 1 763 人次,占比为 35.5%;对钓鱼岛问题不太了解

的为 511 人次，占比为 10.3%；对钓鱼岛问题完全不清楚的为 108 人次，占比为 2.2%，见表 3-6-5。

表 3-6-5　您对钓鱼岛问题的了解程度

	频率	百分比（%）
非常清楚	736	14.8
比较了解	1843	37.1
一般	1763	35.5
不太了解	511	10.3
完全不清楚	108	2.2
总计	4 961	100

同时，青年群体对人类生活与海洋的关系认同程度较高。对"我的生活离不开海洋"这一观点进行评价时，在被调查的有效样本中，持完全不同意态度的为 245 人次，占比为 5%；持不太同意态度的为 405 人次，占比为 8.2%；持一般态度的为 1 218 人次，占比为 24.6%；持比较同意态度的为 1 129 人次，占比为 22.8%；持完全同意态度的为 1 947 人次，占比为 39.4%。见表 3-6-6。

表 3-6-6　您是否同意"我的生活离不开海洋"

	频率	百分比（%）
完全不同意	245	5.0
不太同意	405	8.2
一般	1 218	24.6
比较同意	1 129	22.8
完全同意	1 947	39.4
总计	4 944	100.0

绝大部分青年人认识到当前海洋环境问题日益严重。对"当前海洋环境问题严重"这一观点进行评价时，在被调查的有效样本中，持完全不同意态度的为 120 人次，占比为 2.4%；持不太同意态度的为 55 人次，占比为 1.1%；持一般态度的为 402 人次，占比为 8.1%；持比较同意态度的为 1 127 人次，占比为 22.8%；持完全同意态度的为 3 235 人次，占比为 65.5%。见表 3-6-7。

表 3-6-7　您是否同意"当前海洋环境问题日益严重"

	频率	百分比（%）
完全不同意	120	2.4
不太同意	55	1.1
一般	402	8.1
比较同意	1 127	22.8
完全同意	3 235	65.5
总计	4 939	100.0

　　青年群体的绝大部分都认为需要大力开展海洋教育，这是海洋权益维护和海洋环境保护的重要举措。对"需要大力开展海洋教育"这一观点进行评价时，在被调查的有效样本中，持完全不同意态度的为 112 人次，占比为 2.3%；持不太同意态度的为 61 人次，占比为 1.2%；持一般态度的为 541 人次，占比为 11%；持比较同意态度的为 1 154 人次，占比为 23.4%；持完全同意态度的为 3 070 人次，占比为 62.2%。见表 3-6-8。

表 3-6-8　您是否同意"需要大力开展海洋教育"

	频率	百分比（%）
完全不同意	112	2.3
不太同意	61	1.2
一般	541	11.0
比较同意	1 154	23.4
完全同意	3 070	62.2
总计	4 938	100.0

（二）青年群体对法律维权的信心水平较高

　　对"您觉得法律能够维护您的切身利益吗"这一观点进行评价时，在被调查的有效样本中，选择"能，我对法律有信心"的为 2 893 人次，占比为 58.3%；选择"不能"的为 413 人次，占比为 8.3%；选择"不确定"的为 1 656 人次，占比为 33.4%。见表 3-6-9。

表3-6-9　您觉得法律能够维护您的切身利益吗

	频率	百分比(%)
能,我对法律有信心	2 893	58.3
不能	413	8.3
不确定	1 656	33.4
总计	4 962	100.0

在对"您是否认为打官司是件丢人的事"这一观点进行评价时,在被调查的有效样本中,很不同意的为2 765人次,占比为55.7%;不太同意的为1 883人次,占比为37.9%;比较同意的为250人次,占比为5%。见表3-6-10。

表3-6-10　您是否认为打官司是件丢人的事

	频率	百分比(%)
很不同意	2 765	55.7
不太同意	1 883	37.9
比较同意	250	5.0
非常同意	64	1.3
总计	4 962	100.0

当合法权益受到侵害时,会选择通过法律途径解决问题的为4 465人次,占比为89.9%;选择忍气吞声的为230人次,占比为4.6%;选择用武力解决的为72人次,占比为1.5%;选择其他途径的为197人次,占比为4%。见表3-6-11。

表3-6-11　当您的合法权益受到侵害时您会如何处理

	频率	百分比(%)
通过法律途径解决问题	4 465	89.9
忍气吞声	230	4.6
用武力解决	72	1.5
其他途径	197	4.0
总计	4 964	100.0

对"我的合法权益若受到政府机关侵犯,我会用法律维护权益"这一观点进行评价时,在被调查的有效样本中,持完全不同意态度的为168人次,占比为3.4%;持不太同意态度的为158人次,占比为3.2%;持一般态度的为727人次,占比为14.7%;持比较同意态度的为1 351人次,占比为27.3%;持完全同意态度的为2539人次,占比为51.4%。见表3-6-12。

表3-6-12 您是否同意"我的合法权益受到政府机关侵犯时要用法律维护权益"

	频率	百分比(%)
完全不同意	168	3.4
不太同意	158	3.2
一般	727	14.7
比较同意	1 351	27.3
完全同意	2 539	51.4
总计	4 943	100.0

(三)青年群体对自由的认知比较正向

在对行为自由的理解上,青年群体对"自由就是在不侵害别人的前提下,可以按照自己的意愿做事"这一观点进行评价时,存在比较大的观念分歧。

具体而言,在被调查的有效样本中,持很不同意态度的为321人次,占比为6.5%;持不太同意态度的为600人次,占比为12.1%;持一般态度的为865人次,占比为17.5%;持比较同意态度的为1 575人次,占比为31.9%;持完全同意态度的为1 578人次,占比为31.9%。见表3-6-13。

表3-6-13 您是否同意"自由就是在不侵害别人的前提下可以按照自己的意愿做事"

	频率	百分比(%)
很不同意	321	6.5
不太同意	600	12.1
一般	865	17.5
比较同意	1 575	31.9
完全同意	1 578	31.9
总计	4 939	100

在对政治自由或自由与政府的关系认识上，这种差异更加明显。对"自由就是政府不能干预私生活"这一观点进行评价时，在被调查的有效样本中，持很不同意态度的为 701 人次，占比为 14.2%；持不太同意态度的为 1 249 人次，占比为 25.2%；持一般态度的为 1 104 人次，占比为 22.3%；持比较同意态度的为 1 013 人次，占比为 20.5%；持"完全同意"态度的为 883 人次，占比为 17.8%。见表3-6-14。

表3-6-14　您是否同意"自由就是政府不能干预私生活"

	频率	百分比（%）
很不同意	701	14.2
不太同意	1 249	25.2
一般	1 104	22.3
比较同意	1 013	20.5
完全同意	883	17.8
总计	4 950	100

对"谁都不能剥夺我对公共事务的发言权"这一观点进行评价时，在被调查的有效样本中，持很不同意态度的为 232 人次，占比为 4.7%；持不太同意态度的为 517 人次，占比为 10.5%；持一般态度的为 1 032 人次，占比为 20.9%；持比较同意态度的为 1 511 人次，占比为 30.6%；持完全同意态度的为 1 645 人次，占比为 33.3%。见表3-6-15。

表3-6-15　您是否同意"谁都不能剥夺我对公共事务的发言权"

	频率	百分比（%）
很不同意	232	4.7
不太同意	517	10.5
一般	1 032	20.9
比较同意	1 511	30.6
完全同意	1 645	33.3
总计	4 937	100

对"信仰宗教是个人的自由"这一观点进行评价时，在被调查的有效样本

中,持很不同意态度的为 120 人次,占比为 2.4%;持不太同意态度的为 152 人次,占比为 3.1%;持一般态度的为 589 人次,占比为 11.9%;持比较同意态度的为 1 275 人次,占比为 25.9%;持完全同意态度的为 2 796 人次,占比为 56.7%。见表 3-6-16。

表 3-6-16　您是否同意"信仰宗教是个人的自由"

	频率	百分比(%)
很不同意	120	2.4
不太同意	152	3.1
一般	589	11.9
比较同意	1 275	25.9
完全同意	2 796	56.7
总计	4 932	100.0

(四)青年群体有比较理性的公平观念

1. 青年群体的财富观念、分配观念不走极端

首先,在对贫富差距的看法上,对"现在有的人挣的钱多,有的人挣的少,但这是公平的"这一观点进行评价时,在被调查的有效样本中,持很不同意态度的为 511 人次,占比为 10.3%;持不太同意态度的为 718 人次,占比为 14.5%;持一般态度的为 1 245 人次,占比为 25.2%;持比较同意态度的为 1 590 人次,占比为 32.2%;持完全同意态度的为 879 人次,占比为 17.8%。见表 3-6-17。

表 3-6-17　您是否同意"现在有的人挣的钱多、有的人挣的钱少,但这是公平的"

	频率	百分比(%)
很不同意	511	10.3
不太同意	718	14.5
一般	1 245	25.2
比较同意	1 590	32.2
完全同意	879	17.8
总计	4 943	100.0

其次,在公共财政征税的看法上,对"应该从有钱人那里征收更多的税来帮助穷人"这一观点进行评价时,在被调查的有效样本中,持很不同意态度的为406人次,占比为8.2%;持不太同意态度的为1 057人次,占比为21.4%;持一般态度的为1450人次,占比为29.3%;持比较同意态度的为1 011人次,占比为20.4%;持完全同意态度的为1 024人次,占比为20.7%。见表3-6-18。

表3-6-18 您是否同意"应该从有钱人那里征收更多的税来帮助穷人"

	频率	百分比(%)
很不同意	406	8.2
不太同意	1 057	21.4
一般	1 450	29.3
比较同意	1 011	20.4
完全同意	1 024	20.7
总计	4 948	100

2. 青年群体对知识、权力及财富资本的认识比较正向

相当比例的青年人质疑知识和能力的权威意义,对学问和能力在政治权力分配中的地位认识比较正向。对"有学问和有能力的人应该享有比一般人更多的发言权"这一观点进行评价时,在被调查的有效样本中,持很不同意态度的为807人次,占比为16.3%;持不太同意态度的为1 222人次,占比为24.7%;持一般态度的为1 283人次,占比为26%;持比较同意态度的为1 038人次,占比为21%;持完全同意态度的为594人次,占比为12%。见表3-6-19。

表3-6-19 您是否同意"有学问和有能力的人应该享有比一般人更多的发言权"

	频率	百分比(%)
很不同意	807	16.3
不太同意	1 222	24.7
一般	1 283	26
比较同意	1 038	21
完全同意	594	12.0
总计	4 944	100.0

比较而言,青年群体更加重视和认可财富和权力的价值和意义。在财富和权力对于社会资本传递具有重要意义的判断上,青年群体有相当比例的共识。对"富裕的人能让子女比其他人获得更好的教育"这一观点进行评价时,在被调查的有效样本中,持很不同意态度的为 280 人次,占比为 5.7%;持不太同意态度的为 487 人次,占比为 9.8%;持一般态度的为 697 人次,占比为 14.1%;持比较同意态度的为 1 666 人次,占比为 33.6%;持完全同意态度的为 1 824 人次,占比为 36.8%。见表 3-6-20。

表 3-6-20　您是否同意"富裕的人能让子女比其他人获得更好的教育"

	频率	百分比(%)
很不同意	280	5.7
不太同意	487	9.8
一般	697	14.1
比较同意	1 666	33.6
完全同意	1 824	36.8
总计	4 954	100.0

对"有钱有势的人会享有一定的特殊待遇"这一观点进行评价时,在被调查的有效样本中,持很不同意态度的为 689 人次,占比为 13.9%;持不太同意态度的为 625 人次,占比为 12.6%;持一般态度的为 788 人次,占比为 15.9%;持比较同意态度的为 1 449 人次,占比为 29.3%;持完全同意态度的为 1 394 人次,占比为 28.2%。见表 3-6-21。

表 3-6-21　您是否同意"有钱有势的人会享有一定的特殊待遇"

	频率	百分比(%)
很不同意	689	13.9
不太同意	625	12.6
一般	788	15.9
比较同意	1 449	29.3
完全同意	1 394	28.2
总计	4 945	100.0

　　此外,青年群体倾向于认为税负较重。在被调查的有效样本中,认为现在税负很重的为 735 人次,占比为 14.8％;认为现在税负较重的为 1 307 人次,占比为 26.3％;认为现在税负正常的为 1 694 人次,占比为 34.1％;认为现在税负偏低的为 120 人次,占比为 2.4％;对此不清楚的为 1 106 人次,占比为 22.3％。见表 3-6-22。

表 3-6-22　您觉得现在的税负情况如何

	频率	百分比（％）
很重	735	14.8
较重	1 307	26.3
正常	1 694	34.1
偏低	120	2.4
不清楚	1 106	22.3
总计	4 962	100.0

（五）青年群体有良好的政治预期

　　青年群体在反腐问题上,表现出对当前政治局势的良好预期。在被调查的有效样本中,对今后 5～10 年我国反腐取得明显成效很有信心的为 2 009 人次,占比为 40.5％;较有信心的为 2 132 人次,占比为 43％;较没信心的为 531 人次,占比为 10.7％;很没有信心的为 287 人次,占比为 5.8％。见表 3-6-23。

表 3-6-23　您对今后 5～10 年我国反腐取得明显成效是否有信心

	频率	百分比（％）
很有信心	2 009	40.5
较有信心	2 132	43.0
较没信心	531	10.7
很没有信心	287	5.8
总计	4 959	100.0

（六）青年群体政治参与水平不是很高

调查问卷中涉及政治实践方面主要包含以下 7 个问题，即最近三年与周围人讨论政治问题的频率、最近三年在互联网上发表政治观点的频率、最近三年向政府部门反映意见的频率、最近三年到政府部门上访的频率、最近三年参加村委会或居委会选举的频率、过去半年内是否参加过参政议政、过去半年内参与政党活动的频率。

1. 青年群体与周围人讨论政治问题的频率不高

在被调查的有效样本中，受访者最近三年没有与周围人讨论过政治问题的为 1149 人次，占比为 23.2%；三年内偶尔有与周围人讨论过政治问题的为 2171 人次，占比为 43.8%；三年内有时有与周围人讨论过政治问题的为 1 128 人次，占比为 22.8%；三年内经常有与周围人讨论过政治问题的为 422 人次，占比为 8.5%；三年内总是与周围人讨论过政治问题的为 88 人次，占比为 1.8%。见表 3-6-24。只有 10.3% 的人在近三年经常或总是跟周围人讨论政治问题。总之，青岛市青年群体近三年与周围人讨论政治问题的频率较低。

表 3-6-24　最近三年您是否与周围人讨论过政治问题

	频率	百分比（%）
没有	1 149	23.2
偶尔	2 171	43.8
有时	1 128	22.8
经常	422	8.5
总是	88	1.8
总计	4 958	100

2. 青年群体较少在网络上发表政治观点

在被调查的有效样本中，受访者最近三年内没有在互联网上就政治问题发表过观点的为 3 380 人次，占比为 68.4%；三年内偶尔在互联网上就政治问题发表观点的为 907 人次，占比为 18.3%；三年内有时在互联网上就政治问题发表观点的为 499 人次，占比为 10.1%；三年内经常在互联网上就政治问题发表观点的为 116 人次,占比为 2.3%;三年内总是在互联网上就政治问题发表观点的为 43 人次,占比为 0.9%。见表 3-6-25。只有 3.2% 的人经常或总是在网上发表政治观点,因此可以说:青年群体较少在网络上发表政治观点。

表 3-6-25 最近三年您是否在互联网上就政治问题发表过观点

	频率	百分比(%)
没有	3 380	68.4
偶尔	907	18.3
有时	499	10.1
经常	116	2.3
总是	43	0.9
总计	4 945	100.0

3. 青年群体很少向政府及有关部门直接反映意见

在被调查的有效样本中,受访者最近三年内没有向报刊、电台等反映过意见的为 4 325 人次,占比为 87.4%;三年内偶尔向报刊、电台等反映意见的为 357 人次,占比为 7.2%;三年内有时向报刊、电台等反映意见的为 198 人次,占比为 4%;三年内经常向报刊、电台等反映意见的为 45 人次,占比为 0.9%;三年内总是给报刊、电台等反映意见的为 23 人次,占比为 0.5%。见表 3-6-26。

表 3-6-26 最近三年您是否向报刊、电台等反映过意见

	频率	百分比(%)
没有	4 325	87.4
偶尔	357	7.2
有时	198	4.0
经常	45	0.9
总是	23	0.5
总计	4 948	100.0

在被调查的有效样本中,受访者最近三年内没有向政府部门反映意见的为 4 329 人次,占比为 87.5%;三年内偶尔向政府部门反映意见的为 356 人次,占比为 7.2%;三年内有时向政府部门反映意见的为 196 人次,占比为 4%;三年

内经常向政府部门反映意见的为 45 人次,占比为 0.9%;三年内总是向政府部门反映意见的为 20 人次,占比为 0.4%。见表 3-6-27。

表 3-6-27　最近三年您是否向政府部门反映过意见

	频率	百分比(%)
没有	4 329	87.5
偶尔	356	7.2
有时	196	4.0
经常	45	0.9
总是	20	0.4
总计	4 946	100.0

在被调查的有效样本中,受访者最近三年内没有到政府部门上访的为 4 597 人次,占比为 93.1%;三年内偶尔到政府部门上访的为 174 人次,占比为 3.5%;三年内有时到政府部门上访的为 125 人次,占比为 2.5%;三年内经常到政府部门上访的为 25 人次,占比为 0.5%;三年内总是到政府部门上访的为 19 人次,占比为 0.4%。见表 3-6-28。

表 3-6-28　最近三年您是否到政府部门上访过

	频率	百分比(%)
没有	4 597	93.1
偶尔	174	3.5
有时	125	2.5
经常	25	0.5
总是	19	0.4
总计	4 940	100.0

4. 青年群体较少直接参加身边的民主选举活动

在被调查的有效样本中,受访者最近三年内没有参加过居委会/村委会选举的为 3 437 人次,占比为 69.5%;三年内偶尔参加居委会/村委会选举的为 644 人次,占比为 13%;三年内有时参加居委会/村委会选举的为 511 人次,占比为 10.3%;三年内经常参加居委会/村委会选举的为 143 人次,占比为 2.9%;

三年内总是参加居委会／村委会选举的为213人次，占比为4.3％。见表3-6-29。

表3-6-29　最近三年您是否参加过居委会／村委会选举

	频率	百分比（％）
没有	3 437	69.5
偶尔	644	13
有时	511	10.3
经常	143	2.9
总是	213	4.3
总计	4 948	100.0

5. 青年群体很少参加参政议政活动

本次调查青年有过参政议政的情况为：有效值为4 919人，未有过参政议政的人数为4 715人，占总人数的95.9％；有过参政议政的人数为204人，占总人数的4.1％。见表3-6-30。因此可以说，青岛市青年群体在过去半年内很少有参政议政活动。

表3-6-30　您是否有过参政议政活动

	频率	百分比（％）
否	4 715	95.9
是	204	4.1
总计	4 919	100.0

6. 青年群体参与政党活动的频率不是很高

本次调查青年参与政党活动频率的情况为：有效值为4 923人，经常参与政党活动的为189人，占总人数的3.8％；偶尔参与的为411人，占总人数的8.3％；很少参与的为605人，占总人数的12.3％；从未参与的为3 718人，占总人数的75.5％，见表3-6-31。经常或偶尔参加的人只占12.1％，由此可见：青岛市青年群体在过去半年内参与政党活动的频率较低。

表 3-6-31 参与政党活动的频率

	频率	百分比(%)
经常	189	3.8
偶尔	411	8.3
很少	605	12.3
从未	3 718	75.5
总计	4 923	100.0

（七）政治面貌影响青年群体政治认知与参与水平

1. 对公民基本权利和基本义务的认知水平较高

本次调查不同政治面貌的青年对公民基本权利和基本义务的认知水平看法的情况为：党员中比较或完全同意的人数占党员人数的 81.5%，团员中比较或完全同意的人数占团员 73.9%，民主党派中比较或完全同意的人数占民主党派人数的 83.3%，群众中比较或完全同意的人数占群众人数的 67.8%，见表3-6-32。因此：青岛市青年群体中，对公民基本权利和基本义务了解程度方面，按照了解程度从高到低来排序，依次是：民主党派、中共党员、团员、群众。

表 3-6-32 您是否同意"我了解公民的基本权利与基本义务"

	完全不同意	不太同意	一般	比较同意	完全同意	总计
中共党员	23(2.9%)	9(1.1%)	115(14.4%)	301(37.8%)	348(43.7%)	796
共青团员	57(2.6%)	46(2.0%)	472(20.7%)	689(31.2%)	941(42.7%)	2 205
民主党派	1(16.7%)	0(0.0%)	0(0.0%)	3(50.0%)	2(33.3%)	6
群众	37(2.0%)	54(3.0%)	497(27.2%)	534(29.3%)	702(38.5)	1 824
其他	0(0.0%)	1(10.0%)	3(30.0%)	4(40.0%)	2(20.0)	10
总计	118	110	1 087	1 531	1 995	4 841

2. 对公共事务发言权的重视水平较高

本次调查不同政治面貌的青年对公共事务发言权的重视水平看法的情况为：党员中比较或完全同意的人数占党员人数的 60.4%，团员中比较或完全同意的人数占团 62.2%，民主党派中比较或完全同意的人数占民主党派人数的

33.4%，群众中比较或完全同意的人数占群众人数的 67.7%。见表 3-6-33。因此可以说：青岛市青年对自身公共事务发言权的重视程度方面，按照从高到低的顺序依次是：群众、团员、党员、民主党派。

表 3-6-33　您是否同意"没有谁能剥夺我对公共事务的发言权"

	完全不同意	不太同意	一般	比较同意	完全同意	总计
中共党员	50（6.3%）	130（16.4%）	135（17.0%）	267（33.6%）	213（26.8%）	795
共青团员	94（4.3%）	250（11.4%）	487（22.1%）	669（30.4%）	700（31.8%）	2 200
民主党派	0（0.0%）	3（50.0%）	1（16.7%）	1（16.7%）	1（16.7%）	6
群众	79（11.5%）	122（6.7%）	388（21.3%）	539（29.6%）	695（38.1%）	1 823
其他	0（0.0%）	3（30.0%）	2（20.0%）	3（30.0%）	2（20.0%）	10
总计	223	508	1 013	1 479	1 611	4 834

本次调查近三年内与周围人讨论政治问题的情况为：党员中选择经常或总是的人数占党员人数的 16.2%，团员中选择经常或总是的人数占团员人数的 11%，民主党派中选择经常或总是的人数占民主党派人数的 0%，群众中选择经常或总是的人数占群众人数的 7.1%。见表 3-6-34。因此可以说，在近三年内的政治问题讨论频率方面，按照从高到低的顺序依次是：党员、团员、群众、民主党派。

表 3-6-34　近三年与周围人讨论政治问题情况统计

	没有	偶尔	有时	经常	总是	总计
中共党员	109（13.7%）	359（45.1%）	199（25.0%）	109（13.7%）	20（2.5%）	796
共青团员	425（19.2%）	984（44.6%）	557（25.2%）	200（9.1%）	42（1.9%）	2 208
民主党派	2（28.6%）	2（28.6%）	3（42.9%）	0（0.0%）	0（0.0%）	7
群众	573（31.3%）	789（43.1%）	339（18.5%）	105（5.7%）	25（1.4%）	1 831
其他	4（40.0%）	3（30.0%）	2（20.0%）	1（10.0%）	0（0.0%）	10
总计	1 113	2 137	1 100	415	87	4 852

本次调查近三年内在互联网上就政治问题发表观点的情况为：党员中选择没有的人数占党员人数的 69.2%，团员中选择没有的人数占团员人数的 64.0%，民主党派中选择没有的人数占民主党派人数的 50%，群众中选择没有

的人数占群众人数的74％。见表3-6-35。因此可以说,近三年内在互联网上就政治问题发表观点的频率方面,按照从高到低的顺序依次是:民主党派、团员、党员、群众。

表3-6-35 近三年在互联网上就政治问题发表观点的情况统计

	没有	偶尔	有时	经常	总是	总计
中共党员	550(69.2%)	142(17.9%)	76(9.6%)	18(2.3%)	9(1.1%)	795
共青团员	1 412(64%)	451(20.4%)	271(12.3%)	57(2.6%)	15(0.7%)	2 206
民主党派	3(50%)	1(16.7%)	0(0.0%)	2(33.3%)	0(0.0%)	6
群众	1351(74%)	286(15.7%)	136(7.5%)	35(1.9%)	1(0.0%)	1 825
其他	8(80%)	2(20%)	0(0.0%)	0(0.0%)	0(0.0%)	10
总计	3 324	882	483	112	41	4 842

3. 向政府等有关部门反映意见的行动频率不是很高

本次调查近三年内向政府部门反映意见的情况为:党员中选择没有的人数占党员人数的84.9％,团员中选择没有的人数占团员人数的88.3％,民主党派中选择没有的人数占民主党派人数的33.3％,群众中选择没有的人数占群众人数的88.5％。见表3-6-36。因此可以说,近三年内在向政府部门反映意见的频率方面,按照从高到低的顺序依次是:民主党派、党员、团员、群众。

表3-6-36 近三年内向政府部门反映意见的情况统计

	没有	偶尔	有时	经常	总是	总计
中共党员	674(84.9%)	71(8.9%)	36(4.5%)	10(1.3%)	3(0.4%)	794
共青团员	1 948(88.3%)	147(6.7%)	82(3.7%)	22(1.0%)	7(0.3%)	2 206
民主党派	2(33.3%)	2(33.3%)	1(16.7%)	1(16.7%)	0(0.0%)	6
群众	1 615(88.5%)	119(6.5%)	72(3.9%)	11(0.6%)	8(0.4%)	1 825
其他	9(90.0%)	0(0.0%)	1(10.0%)	0(0.0%)	0(0.0%)	10
总计	4 248	339	192	44	18	4 841

本次调查近三年内到政府部门上访的情况为:党员中选择没有的人数占党员人数的94.3％,团员中选择没有的人数占团员人数的93.1％,民主党派中选择没有的人数占民主党派人数的50％,群众中选择没有的人数占群众人数的

93.2%。见表 3-6-37。因此可以说,近三年内到政府部门上访的频率方面,按照从高到低的顺序依次是:民主党派、团员、群众、党员。

表 3-6-37 近三年内到政府部门上访情况统计

	没有	偶尔	有时	经常	总是	总计
中共党员	749(94.3%)	19(2.4%)	19(2.4%)	5(0.6%)	2(0.3%)	794
共青团员	2 052(93.1%)	76(3.4%)	54(2.5%)	14(0.6%)	8(0.4%)	2 204
民主党派	3(50.0%)	2(33.3%)	0(0.0%)	1(16.7%)	0(0.0%)	6
群众	1 699(93.2%)	65(3.6%)	47(2.6%)	3(0.2%)	9(0.5%)	1 823
其他	9(90.0%)	0(0.0%)	1(10.0%)	0(0.0%)	0(0.0%)	10
总计	4 512	162	121	23	19	4 837

4. 民主选举参政议政的行动比向政府反映意见的频率高

本次调查近三年内参加居委会/村委会选举的情况为:党员中没有参加过选举的人数占党员人数的 64.9%,团员中选择"没有"的人数占团员人数的 71.3%,民主党派中选择"没有"的人数占民主党派人数的 50.0%,群众中选择"没有"的人数占群众人数的 69.4%。见表 3-6-38。因此可以说,近三年内参加居委会/村委会选举次数方面,按照从高到低的顺序依次是:民主党派、党员、群众、团员。

表 3-6-38 近三年参加居委会/村委会选举情况统计

	没有	偶尔	有时	经常	总是	总计
中共党员	515(64.9%)	115(14.5%)	84(10.6%)	27(3.4%)	53(6.7%)	794
共青团员	1 575(71.3%)	285(12.9%)	219(9.9%)	60(2.7%)	69(3.1%)	2 208
民主党派	3(50%)	1(16.7%)	1(16.7%)	1(16.7%)	0(0.0%)	6
群众	1 268(69.4%)	226(12.4%)	193(10.6%)	52(2.8%)	88(4.8%)	1 827
其他	8(80.0%)	0(0.0%)	2(20.0%)	0(0.0%)	0(0.0%)	10
总计	3 369	627	499	140	210	4 845

本次调查过去半年内是否参加过参政议政活动的情况为:党员中选择没有的人数占党员人数的 91%,团员中选择没有的人数占团员人数的 96.7%,民主党派中选择没有的人数占民主党派人数的 57.1%,群众中选择没有的人数占群

众人数的 97.1%。见表 3-6-39。因此可以说,近三年内参政议政方面,按照从高到低的顺序依次是:民主党派、党员、团员、群众。

表 3-6-39 您过去半年内是否参加过参政议政活动

	否	是	总计
中共党员	718(91%)	71(9.0%)	789
共青团员	2 121(96.7%)	72(3.3%)	2 194
民主党派	4(57.1%)	3(42.9%)	7
群众	1 771(97.1%)	47(2.6%)	1 824
其他	10(100.0%)	0(0.0%)	10
总计	4 624	193	4 824

本次调查过去半年内参与政党活动的频率的情况为:党员中选择经常或者偶尔的人数占党员人数的 66.2%,团员中选择经常或者偶尔的人数占团员人数的 85.4%,民主党派中选择经常或者偶尔的人数占民主党派人数的 85.7%,群众中选择经常或者偶尔的人数占群众人数的 89.7%。见表 3-6-40。因此可以说,过去半年内参与政党活动的频率方面,按照从高到低的顺序依次是:群众、民主党派、团员、党员。

表 3-6-40 过去半年内参与政党活动的频率

	没有	偶尔	有时	经常	总是	总计
中共党员	126(16.0%)	159(20.2%)	140(17.7%)	363(46.0%)	789	794
共青团员	39(1.8%)	129(5.9%)	280(12.7%)	1 746(79.5%)	2 197	2 208
民主党派	0(0.0%)	2(28.6%)	1(14.3%)	4(57.1%)	7	6
群众	20(1.1%)	98(5.4%)	167(9.2%)	1 537(84.3%)	1 823	1 827
其他	0(0.0%)	0(0.0%)	1(10.0%)	9(90.0%)	10	10
总计		185	388	589	3 659	4 826

七、青年群体环境风险认知水平

环境风险包括自然、社会和技术等三类风险，具体包括台风、不明传染病、核泄漏、能源短缺、交通事故、生产安全事故、海洋环境污染、食品安全、恐怖袭击、恶性犯罪、经济动荡、房价持续上涨、看病越来越难、贫富差距加大、社会动乱等15类风险性事件。环境风险感知本身又包含社会危害性感知及近期发生性感知两个基本维度。

1. 技术灾害和自然灾害的社会危害性正向评价很高，安全感很强

核泄漏、食品安全、恐怖袭击、海洋环境污染和不明传染病5类风险的社会危害性排在前列，能源短缺、经济动荡、房价持续上涨、贫富差距加大、台风等5类风险的社会危害性评价排在后列。

在被调查的有效样本中，受访者认为台风的社会危害性极小的为463人次，占比为9.5%；认为台风的社会危害性较小的为280人次，占比为5.8%；认为台风的社会危害性一般的为775人次，占比为15.9%；认为台风的社会危害性较大的为1 019人次，占比为21%；认为台风的社会危害性极大的为2 326人次，占比为47.8%。见表3-7-1。

表3-7-1 对台风社会危害性认知的统计

	频率	百分比（%）
极小	463	9.5
较小	280	5.8
一般	775	15.9
较大	1 019	21.0
极大	2 326	47.8
总计	4 863	100.0

在被调查的有效样本中，受访者认为交通事故的社会危害性极小的为205人次，占比为4.2%；认为交通事故的社会危害性较小的为245人次，占比为5%；认为交通事故的社会危害性一般的为843人次，占比为17.3%；认为交通

事故的社会危害性较大的为 1 139 人次,占比为 23.4%;认为交通事故的社会
危害性极大的为 2 444 人次,占比为 50.1%。见表 3-7-2。

表 3-7-2　对交通事故社会危害性认知的统计

	频率	百分比(%)
极小	205	4.2
较小	245	5.0
一般	843	17.3
较大	1 139	23.4
极大	2 444	50.1
总计	4 876	100.0

在被调查的有效样本中,受访者认为生产安全事故的社会危害性极小
的 254 人次,占比为 5.2%;认为生产安全事故的社会危害性较小的为 254 人
次,占比为 5.2%;认为生产安全事故的社会危害性一般的为 772 人次,占比为
15.9%;认为生产安全事故的社会危害性较大的为 1 091 人次,占比为 22.5%;
认为生产安全事故的社会危害性极大的为 2 488 人次,占比为 51.2%。见表
3-7-3。

表 3-7-3　对生产安全事故社会危害性认知的统计

	频率	百分比(%)
极小	254	5.2
较小	254	5.2
一般	772	15.9
较大	1 091	22.5
极大	2 488	51.2
总计	4 859	100.0

在被调查的有效样本中,受访者认为核泄漏的社会危害性极小的为 396 人
次,占比为 8.2%;认为核泄漏的社会危害性较小的为 129 人次,占比为 2.7%;
认为核泄漏的社会危害性一般的为 355 人次,占比为 7.3%;认为核泄漏的社
会危害性较大的为 389 人次,占比为 8%;认为核泄漏的社会危害性极大的为

3 580 人次,占比为 73.8%。见表 3-7-4。

表 3-7-4　对核泄漏社会危害性认知的统计

	频率	百分比(%)
极小	396	8.2
较小	129	2.7
一般	355	7.3
较大	389	8.0
极大	3 580	73.8
总计	4 849	100.0

在被调查的有效样本中,受访者认为海洋环境污染的社会危害性极小的为 198 人次,占比为 4.1%;认为海洋环境污染的社会危害性较小的为 174 人次,占比为 3.6%;认为海洋环境污染的社会危害性一般的为 622 人次,占比为 12.8%;认为海洋环境污染的社会危害性较大的为 1 009 人次,占比为 20.7%;认为海洋环境污染的社会危害性极大的为 2 862 人次,占比为 58.8%。见表 3-7-5。

表 3-7-5　对海洋环境污染的社会危害性看法的统计

	频率	百分比(%)
极小	198	4.1
较小	174	3.6
一般	622	12.8
较大	1 009	20.7
极大	2 862	58.8
总计	4 865	100.0

在被调查的有效样本中,受访者认为食品安全事件的社会危害性极小的为 152 人次,占比为 3.1%;认为食品安全事件的社会危害性较小的为 141 人次,占比为 2.9%;认为食品安全事件的社会危害性一般的为 674 人次,占比为 13.8%;认为食品安全事件的社会危害性较大的为 947 人次,占比为 19.4%;认为食品安全事件的社会危害性极大的为 2 959 人次,占比为 60.7%。见表 3-7-6。

表 3-7-6 对食品安全事件的社会危害性看法的统计

	频率	百分比(%)
极小	152	3.1
较小	141	2.9
一般	674	13.8
较大	947	19.4
极大	2 959	60.7
总计	4 873	100.0

在被调查的有效样本中,受访者认为不明传染病的社会危害性极小的为220人次,占比为4.5%;认为不明传染病的社会危害性较小的为200人次,占比为4.1%;认为不明传染病的社会危害性一般的为617人次,占比为12.7%;认为不明传染病的社会危害性较大的为919人次,占比为18.9%;认为不明传染病的社会危害性极大的为2 906人次,占比为59.8%。见表3-7-7。

表 3-7-7 对不明传染病的社会危害性看法的统计

	频率	百分比(%)
极小	220	4.5
较小	200	4.1
一般	617	12.7
较大	919	18.9
极大	2 906	59.8
总计	4 862	100.0

在被调查的有效样本中,受访者认为能源短缺的社会危害性极小的为232人次,占比为4.8%;认为能源短缺的社会危害性较小的为252人次,占比为5.2%;认为能源短缺的社会危害性一般的为847人次,占比为17.4%;认为能源短缺的社会危害性较大的为1 079人次,占比为22.2%;认为能源短缺的社会危害性极大的为2 446人次,占比为50.4%。见表3-7-8。

表 3-7-8 对能源短缺的社会危害性看法的统计

	频率	百分比(%)
极小	232	4.8

（续表）

	频率	百分比（%）
较小	252	5.2
一般	847	17.4
较大	1 079	22.2
极大	2 446	50.4
总计	4 856	100.0

在被调查的有效样本中，受访者认为恶性犯罪的社会危害性极小的为227人次，占比为4.7%；认为恶性犯罪的社会危害性较小的为176人次，占比为3.6%；认为恶性犯罪的社会危害性一般的为658人次，占比为13.6%；认为恶性犯罪的社会危害性较大的为952人次，占比为19.6%；认为恶性犯罪的社会危害性极大的为2 840人次，占比为58.5%。见表3-7-9。

表3-7-9　对恶性犯罪的社会危害性看法的统计

	频率	百分比（%）
极小	227	4.7
较小	176	3.6
一般	658	13.6
较大	952	19.6
极大	2 840	58.5
总计	4 853	100.0

在被调查的有效样本中，受访者认为恐怖袭击的社会危害性极小的为320人次，占比为6.6%；认为恐怖袭击的社会危害性较小的为179人次，占比为3.7%；认为恐怖袭击的社会危害性一般的为461人次，占比为9.5%；认为恐怖袭击的社会危害性较大的为627人次，占比为12.9%；认为恐怖袭击的社会危害性极大的为3 264人次，占比为67.3%。见表3-7-10。

表3-7-10　对恐怖袭击的社会危害性看法的统计

	频率	百分比（%）
极小	320	6.6

（续表）

	频率	百分比（%）
较小	179	3.7
一般	461	9.5
较大	627	12.9
极大	3 264	67.3
总计	4 851	100.0

在被调查的有效样本中，受访者认为经济动荡的社会危害性极小的为 272 人次，占比为 5.6%；认为经济动荡的社会危害性较小的为 252 人次，占比为 5.2%；认为经济动荡的社会危害性一般的为 801 人次，占比为 16.5%；认为经济动荡的社会危害性较大的为 1 110 人次，占比为 22.8%；认为经济动荡的社会危害性极大的为 2 426 人次，占比为 49.9%。见表 3-7-11。

表 3-7-11 对经济动荡的社会危害性看法的统计

	频率	百分比（%）
极小	272	5.6
较小	252	5.2
一般	801	16.5
较大	1 110	22.8
极大	2 426	49.9
总计	4 861	100.0

在被调查的有效样本中，受访者认为房价持续上涨的社会危害性极小的为 174 人次，占比为 3.6%；认为房价持续上涨的社会危害性较小的为 268 人次，占比为 5.5%；认为房价持续上涨的社会危害性一般的为 1 012 人次，占比为 20.8%；认为房价持续上涨的社会危害性较大的为 1 060 人次，占比为 21.8%；认为房价持续上涨的社会危害性极大的为 2 352 人次，占比为 48.3%。见表 3-7-12。

表 3-7-12 对房价持续上涨的社会危害性看法的统计

	频率	百分比（%）
极小	174	3.6

（续表）

	频率	百分比(%)
较小	268	5.5
一般	1 012	20.8
较大	1 060	21.8
极大	2 352	48.3
总计	4 866	100.0

在被调查的有效样本中,受访者认为看病越来越难的社会危害性极小的为182人次,占比为3.7%;认为看病越来越难的社会危害性较小的为230人次,占比为4.7%;认为看病越来越难的社会危害性一般的为873人次,占比为17.9%;认为看病越来越难的社会危害性较大的为1 088人次,占比为22.4%;认为看病越来越难的社会危害性极大的为2 494人次,占比为51.2%。见表3-7-13。

表3-7-13 对看病越来越难的社会危害性看法的统计

	频率	百分比(%)
极小	182	3.7
较小	230	4.7
一般	873	17.9
较大	1 088	22.4
极大	2 494	51.2
总计	4 867	100.0

在被调查的有效样本中,受访者认为贫富差距加大的社会危害性极小的为189人次,占比为3.9%;认为贫富差距加大的社会危害性较小的为233人次,占比为4.8%;认为贫富差距加大的社会危害性一般的为1 036人次,占比为21.3%;认为贫富差距加大的社会危害性较大的为1 121人次,占比为23%;认为贫富差距加大的社会危害性极大的为2 287人次,占比为47%。见表3-7-14。

表3-7-14 对贫富差距加大的社会危害性看法的统计

	频率	百分比(%)
极小	189	3.9

（续表）

	频率	百分比（%）
较小	233	4.8
一般	1 036	21.3
较大	1 121	23.0
极大	2 287	47.0
总计	4 866	100.0

在被调查的有效样本中，受访者认为社会动乱的社会危害性极小的为308人次，占比为6.3%；认为社会动乱的社会危害性较小的为210人次，占比为4.3%；认为社会动乱的社会危害性一般的为611人次，占比为12.6%；认为社会动乱的社会危害性较大的为787人次，占比为16.2%；认为社会动乱的社会危害性极大的为2 938人次，占比为60.5%。见表3-7-15。

表3-7-15 对社会动乱的社会危害性看法的统计

	频率	百分比（%）
极小	308	6.3
较小	210	4.3
一般	611	12.6
较大	787	16.2
极大	2 938	60.5
总计	4 854	100.0

在被调查的有效样本中，受访者认为台风近期几乎不可能发生的为1 177人次，占比为24.5%；认为台风近期不太可能发生的为1 259人次，占比为26.2%；认为台风近期不太确定能不能发生的为1 192人次，占比为24.8%；认为台风近期有可能发生的为588人次，占比为12.2%；认为台风近期随时可能发生的为596人次，占比为12.4%。见表3-7-16。

表3-7-16 对台风的近期发生可能性看法的统计

	频率	百分比（%）
几乎不可能发生	1 177	24.5
不太可能发生	1 259	26.2

(续表)

	频率	百分比(%)
不太确定	1 192	24.8
有可能发生	588	12.2
随时可能发生	596	12.4
总计	4 812	100.0

2. 社会风险事件的发生可能性评价较高

交通事故、房价上涨等社会风险事件被认为在近期更有可能发生。

在被调查的有效样本中,受访者认为交通事故近期几乎不可能发生的为 346 人次,占比为 7.2%;认为交通事故近期不太可能发生的为 420 人次,占比为 8.7%;认为交通事故近期不太确定能不能发生的为 778 人次,占比为 16.2%;认为交通事故近期有可能发生的为 982 人次,占比为 20.4%;认为交通事故近期随时可能发生的为 2 276 人次,占比为 47.4%。见表 3-7-17。

表 3-7-17 对交通事故的近期发生可能性看法的统计

	频率	百分比(%)
几乎不可能发生	346	7.2
不太可能发生	420	8.7
不太确定	778	16.2
有可能发生	982	20.4
随时可能发生	2 276	47.4
总计	4 802	100.0

在被调查的有效样本中,受访者认为生产安全事故近期几乎不可能发生的为 483 人次,占比为 10.1%;认为生产安全事故近期不太可能发生的为 753 人次,占比为 15.7%;认为生产安全事故近期不太确定能不能发生的为 1 157 人次,占比为 24.1%;认为生产安全事故近期有可能发生的为 984 人次,占比为 20.5%;认为生产安全事故近期随时可能发生的为 1 423 人次,占比为 29.6%。见表 3-7-18。

表3-7-18　对生产安全事故的近期发生可能性看法的统计

	频率	百分比（%）
几乎不可能发生	483	10.1
不太可能发生	753	15.7
不太确定	1 157	24.1
有可能发生	984	20.5
随时可能发生	1 423	29.6
总计	4 800	100.0

在被调查的有效样本中,受访者认为核泄漏近期几乎不可能发生的为1 689人次,占比为35.1%;认为核泄漏近期不太可能发生的为1 237人次,占比为25.7%;认为核泄漏近期不太确定能不能发生的为855人次,占比为17.8%;认为核泄漏近期有可能发生的为422人次,占比为8.8%;认为核泄漏近期随时可能发生的为608人次,占比为12.6%。见表3-7-19。

表3-7-19　对核泄漏的近期发生可能性看法的统计

	频率	百分比（%）
几乎不可能发生	1 689	35.1
不太可能发生	1 237	25.7
不太确定	855	17.8
有可能发生	422	8.8
随时可能发生	608	12.6
总计	4 811	100.0

在被调查的有效样本中,受访者认为海洋环境污染近期几乎不可能发生的为437人次,占比为9.1%;认为海洋环境污染近期不太可能发生的为725人次,占比为15.1%;认为海洋环境污染近期不太确定能不能发生的为1 252人次,占比为26%;认为海洋环境污染近期有可能发生的为1 020人次,占比为21.2%;认为海洋环境污染近期随时可能发生的为1 373人次,占比为28.6%。见表3-7-20。

表 3-7-20 对海洋环境污染的近期发生可能性看法的统计

	频率	百分比(%)
几乎不可能发生	437	9.1
不太可能发生	725	15.1
不太确定	1 252	26.0
有可能发生	1 020	21.2
随时可能发生	1 373	28.6
总计	4 807	100.0

在被调查的有效样本中,受访者认为食品安全事件近期几乎不可能发生的为 299 人次,占比为 6.2%;认为食品安全事件近期不太可能发生的为 507 人次,占比为 10.5%;认为食品安全事件近期不太确定能不能发生的为 982 人次,占比为 20.4%认为食品安全事件近期;有可能发生的为 1 102 人次,占比为 22.9%;认为食品安全事件近期随时可能发生的为 1 919 人次,占比为 39.9%。见表 3-7-21。

表 3-7-21 对食品安全事件的近期发生可能性看法的统计

	频率	百分比(%)
几乎不可能发生	299	6.2
不太可能发生	507	10.5
不太确定	982	20.4
有可能发生	1 102	22.9
随时可能发生	1 919	39.9
总计	4 809	100.0

在被调查的有效样本中,受访者认为不明传染病近期几乎不可能发生的为 534 人次,占比为 11.1%;认为不明传染病近期不太可能发生的为 1 008 人次,占比为 21%;认为不明传染病近期不太确定能不能发生的为 1 206 人次,占比为 25.1%;认为不明传染病近期有可能发生的为 855 人次,占比为 17.8%;认为不明传染病近期随时可能发生的为 1 202 人次,占比为 25%。见表 3-7-22。

表 3-7-22　对不明传染病的近期发生可能性看法的统计

	频率	百分比（%）
几乎不可能发生	534	11.1
不太可能发生	1 008	21.0
不太确定	1 206	25.1
有可能发生	855	17.8
随时可能发生	1 202	25.0
总计	4 805	100.0

在被调查的有效样本中，受访者认为能源短缺近期几乎不可能发生的为621人次，占比为12.9%；认为能源短缺近期不太可能发生的为904人次，占比为18.8%；认为能源短缺近期不太确定能不能发生的为1 353人次，占比为28.2%；认为能源短缺近期有可能发生的为917人次，占比为19.1%；认为能源短缺近期随时可能发生的为1 009人次，占比为21%。见表3-7-23。

表 3-7-23　对能源短缺的近期发生可能性看法的统计

	频率	百分比（%）
几乎不可能发生	621	12.9
不太可能发生	904	18.8
不太确定	1 353	28.2
有可能发生	917	19.1
随时可能发生	1 009	21.0
总计	4 804	100.0

在被调查的有效样本中，受访者认为恶性犯罪近期几乎不可能发生的为578人次，占比为12%；认为恶性犯罪近期不太可能发生的为836人次，占比为17.4%；认为恶性犯罪近期不太确定能不能发生的为1 168人次，占比为24.3%；认为恶性犯罪近期有可能发生的为884人次，占比为18.4%；认为恶性犯罪近期随时可能发生的为1 344人次，占比为27.9%。见表3-7-24。

表 3-7-24　对恶性犯罪的近期发生可能性看法的统计

	频率	百分比（%）
几乎不可能发生	578	12.0

(续表)

	频率	百分比(%)
不太可能发生	836	17.4
不太确定	1 168	24.3
有可能发生	884	18.4
随时可能发生	1 344	27.9
总计	4 810	100.0

在被调查的有效样本中,受访者认为恐怖袭击近期几乎不可能发生的为1 264人次,占比为26.3%;认为恐怖袭击近期不太可能发生的为1 194人次,占比为24.8%;认为恐怖袭击近期不太确定能不能发生的为978人次,占比为20.3%;认为恐怖袭击近期有可能发生的为563人次,占比为11.7%;认为恐怖袭击近期随时可能发生的为810人次,占比为16.8%。见表3-7-25。

表3-7-25　对恐怖袭击的近期发生可能性看法的统计

	频率	百分比(%)
几乎不可能发生	1 264	26.3
不太可能发生	1 194	24.8
不太确定	978	20.3
有可能发生	563	11.7
随时可能发生	810	16.8
总计	4 809	100.0

在被调查的有效样本中,受访者认为经济动荡近期几乎不可能发生的为762人次,占比为15.9%;认为经济动荡近期不太可能发生的为1 099人次,占比为22.9%;认为经济动荡近期不太确定能不能发生的为1 370人次,占比为28.5%;认为经济动荡近期有可能发生的为735人次,占比为15.3%;认为经济动荡近期随时可能发生的为841人次,占比为17.5%。见表3-7-26。

表3-7-26　对经济动荡近期发生可能性看法的统计

	频率	百分比(%)
几乎不可能发生	762	15.9

（续表）

	频率	百分比（%）
不太可能发生	1 099	22.9
不太确定	1 370	28.5
有可能发生	735	15.3
随时可能发生	841	17.5
总计	4 807	100.0

在被调查的有效样本中,受访者认为房价持续上涨近期几乎不可能发生的为250人次,占比为5.2%;认为房价持续上涨近期不太可能发生的为417人次,占比为8.7%;认为房价持续上涨近期不太确定能不能发生的为1 036人次,占比为21.6%;认为房价持续上涨近期有可能发生的为1 028人次,占比为21.4%;认为房价持续上涨近期随时可能发生的为2 071人次,占比为43.1%。见表3-7-27。

表3-7-27 对房价持续上涨的近期发生可能性看法的统计

	频率	百分比（%）
几乎不可能发生	250	5.2
不太可能发生	417	8.7
不太确定	1 036	21.6
有可能发生	1 028	21.4
随时可能发生	2 071	43.1
总计	4 802	100.0

在被调查的有效样本中,受访者认为看病越来越难几乎不可能发生的为370人次,占比为7.7%;认为看病越来越难不太可能发生的为610人次,占比为12.7%;认为看病越来越难不太确定能不能发生的为1 161人次,占比为24.1%;认为看病越来越难有可能发生的为1 026人次,占比为21.3%;认为看病越来越难随时可能发生的为1 645人次,占比为34.2%。见表3-7-28。

表3-7-28 看病越来越难现象发生的可能性

	频率	百分比（%）
几乎不可能发生	370	7.7

（续表）

	频率	百分比（%）
不太可能发生	610	12.7
不太确定	1 161	24.1
有可能发生	1 026	21.3
随时可能发生	1 645	34.2
总计	4 812	100.0

在被调查的有效样本中,受访者认为贫富差距加大近期几乎不可能发生的为294人次,占比为6.1%;认为贫富差距加大近期不太可能发生的为501人次,占比为10.4%;认为贫富差距加大近期不太确定能不能发生的为1 203人次,占比为25%;认为贫富差距加大近期有可能发生的为1 084人次,占比为22.6%;认为贫富差距加大近期随时可能发生的为1 725人次,占比为35.9%。见表3-7-29。

表3-7-29　对贫富差距加大近期发生可能性看法的统计

	频率	百分比（%）
几乎不可能发生	294	6.1
不太可能发生	501	10.4
不太确定	1 203	25.0
有可能发生	1 084	22.6
随时可能发生	1 725	35.9
总计	4 807	100.0

在被调查的有效样本中,受访者认为社会动乱近期几乎不可能发生的为1 344人次,占比为27.9%;认为社会动乱近期不太可能发生的为1 122人次,占比为23.3%;认为社会动乱近期不太确定能不能发生的为1 033人次,占比为21.4%;认为社会动乱近期有可能发生的为543人次,占比为11.3%;认为社会动乱近期随时可能发生的为780人次,占比为16.2%。见表3-7-30。

表3-7-30　对社会动乱的近期发生可能性看法的统计

	频率	百分比（%）
几乎不可能发生	1344	27.9

（续表）

	频率	百分比（%）
不太可能发生	1 122	23. 3
不太确定	1 033	21. 4
有可能发生	543	11. 3
随时可能发生	780	16. 2
总计	4 822	100. 0

八、人际关系与社会适应

在被调查的有效样本中，受访者与父母住在一起的为 1 705 人次，占比为 34.4%；居住在亲属、朋友家中的为 90 人次，占比为 1.8%；已拥有自己的住房的为 1 764 人次，占比为 35.6%；自己独租的为 464 人次，占比为 9.4%；2～3 人合租的为 518 人次，占比为 10.5%。4 人及以上合租的为 412 人次，占比为 8.3%。见表 3-8-1。

表 3-8-1 居住方式统计

	频率	百分比（%）
与父母住在一起	1 705	34.4
居住在亲属、朋友家中	90	1.8
已拥有自己的住房	1 764	35.6
自己独租	464	9.4
2～3 人合租	518	10.5
4 人及以上合租	412	8.3
总计	4 953	100.0

在被调查的有效样本中，受访者对自己的教育程度非常不满意的为 262 人次，占比为 5.3%；对自己的教育程度不太满意的为 509 人次，占比为 10.3%；对自己的教育程度感到一般的为 2 025 人次，占比为 40.9%；对自己的教育程度比较满意的为 1 436 人次，占比为 29%；对自己的教育程度非常满意的为 724 人次，占比为 14.6%。见表 3-8-2。

表 3-8-2 您对您的教育程度的满意度

	频率	百分比（%）
非常不满意	262	5.3
不太满意	509	10.3
一般	2 025	40.9
比较满意	1 436	29.0
非常满意	724	14.6

（续表）

	频率	百分比（%）
总计	4 956	100.0

　　在被调查的有效样本中，受访者对自己的社交活动非常不满意的为164人次，占比为3.3%；对自己的社交活动不太满意的为611人次，占比为12.4%；对自己的社交活动感到一般的为2 247人次，占比为45.4%；对自己的社交活动比较满意的为1 258人次，占比为25.4%；对自己的社交活动非常满意的为666人次，占比为13.5%。见表3-8-3。

表3-8-3　您对您的社交活动的满意度

	频率	百分比（%）
非常不满意	164	3.3
不太满意	611	12.4
一般	2 247	45.4
比较满意	1 258	25.4
非常满意	666	13.5
总计	4 946	100.0

　　在被调查的有效样本中，受访者对自己的休闲/娱乐/文化活动非常不满意的为238人次，占比为4.8%；对自己的休闲/娱乐/文化活动不太满意的为708人次，占比为14.3%；对自己的休闲/娱乐/文化活动感到一般的为2 069人次，占比为41.9%；对自己的休闲/娱乐/文化活动比较满意的为1 212人次，占比为24.5%；对自己的休闲/娱乐/文化活动非常满意的710人次，占比为14.4%。见表3-8-4。

表3-8-4　您对您的休闲/娱乐/文化活动的满意度

	频率	百分比（%）
非常不满意	238	4.8
不太满意	708	14.3
一般	2 069	41.9
比较满意	1 212	24.5
非常满意	710	14.4

（续表）

	频率	百分比（%）
总计	4 937	100. 0

在被调查的有效样本中，受访者对自己的家庭关系非常不满意的为 63 人次，占比为 1.3%；对自己的家庭关系不太满意的为 114 人次，占比为 2.3%；对自己的家庭关系感到一般的为 767 人次，占比为 15.5%；对自己的家庭关系比较满意的为 1 335 人次，占比为 27%；对自己的家庭关系非常满意的为 2 667 人次，占比为 53.9%。见表 3-8-5。

表 3-8-5　您对您的家庭关系的满意度

	频率	百分比（%）
非常不满意	63	1. 3
不太满意	114	2. 3
一般	767	15. 5
比较满意	1 335	27. 0
非常满意	2 667	53. 9
总计	4 946	100. 0

在被调查的有效样本中，受访者对自己的家庭经济状况非常不满意的为 225 人次，占比为 4.6%；对自己的家庭经济状况不太满意的为 465 人次，占比为 9.4%；认为一般的为 1 975 人次，占比为 39.9%；对自己的家庭经济状况比较满意的为 1 495 人次，占比为 30.2%；对自己的家庭经济状况非常满意的为 784 人次，占比为 15.9%。见表 3-8-6。

表 3-8-6　您对您的家庭经济状况的满意度

	频率	百分比（%）
非常不满意	225	4. 6
不太满意	465	9. 4
一般	1 975	39. 9
比较满意	1 495	30. 2
非常满意	784	15. 9
总计	4 944	100. 0

在被调查的有效样本中,受访者对自己居住地的环境状况非常不满意的为180人次,占比为3.6%;对自己居住地的环境状况不太满意的为412人次,占比为8.3%;对自己居住地的环境状况感到一般的为1 744人次,占比为35.3%;对自己居住地的环境状况比较满意的为1 639人次,占比为33.2%;对自己居住地的环境状况非常满意的为961人次,占比为19.5%。见表3-8-7。

表3-8-7　您对您的居住地的环境状况的满意度

	频率	百分比(%)
非常不满意	180	3.6
不太满意	412	8.3
一般	1744	35.3
比较满意	1 639	33.2
非常满意	961	19.5
总计	4 936	100.0

在被调查的有效样本中,受访者对自己的生活非常不满意的为71人次,占比为1.4%;对自己的生活不太满意的为205人次,占比为4.1%;对自己的生活感到一般的为1 457人次,占比为29.4%;对自己的生活比较满意的为2 060人次,占比为41.6%;对自己的生活非常满意的为1 156人次,占比为23.4%。见表3-8-8。

表3-8-8　总体来说,您对生活的满意度

	频率	百分比(%)
非常不满意	71	1.4
不太满意	205	4.1
一般	1 457	29.4
比较满意	2 060	41.6
非常满意	1 156	23.4
总计	4 949	100.0

在被调查的有效样本中,受访者对现在的养老保障状况非常不满意的为461人次,占比为9.3%;对现在的养老保障状况不太满意的为754人次,占比为15.2%;对现在的养老保障状况感到一般的为1 894人次,占比为38.2%;对

现在的养老保障状况比较满意的为 1 153 人次，占比为 23.3%；对现在的养老保障状况非常满意的为 691 人次，占比为 14%。见表 3-8-9。

表 3-8-9　您对现在养老保障的满意度

	频率	百分比（%）
非常不满意	461	9.3
不太满意	754	15.2
一般	1 894	38.2
比较满意	1 153	23.3
非常满意	691	14.0
总计	4 953	100.0

在被调查的有效样本中，受访者对当前的医疗保障状况非常不满意的为 457 人次，占比为 9.2%；对对当前的医疗保障状况不太满意的为 758 人次，占比为 15.3%；对当前的医疗保障状况感到一般的为 1 890 人次，占比为 38.2%；对当前的医疗保障状况比较满意的为 1 143 人次，占比为 23.1%；对当前的医疗保障状况非常满意的为 703 人次，占比为 14.2%。见表 3-8-10。

表 3-8-10　您对当前医疗保障状况的满意度

	频率	百分比（%）
非常不满意	457	9.2
不太满意	758	15.3
一般	1 890	38.2
比较满意	1 143	23.1
非常满意	703	14.2
总计	4 951	100.0

在被调查的有效样本中，受访者对当前的就业保障状况非常不满意的为 465 人次，占比为 9.4%；对当前的就业保障状况不太满意的为 830 人次，占比为 16.8%；对当前的就业保障状况感到一般的为 2 009 人次，占比为 40.6%；对当前的就业保障状况比较满意的为 1 011 人次，占比为 20.4%；对当前的就业保障状况非常满意的为 629 人次，占比为 12.7%。见表 3-8-11。

表 3-8-11　您对当前就业保障状况的满意度

	频率	百分比(%)
非常不满意	465	9.4
不太满意	830	16.8
一般	2 009	40.6
比较满意	1 011	20.4
非常满意	629	12.7
总计	4 944	100.0

　　在被调查的有效样本中,受访者对当前的城乡最低生活保障状况非常不满意的为 504 人次,占比为 10.2%;对当前的城乡最低生活保障状况不太满意的为 884 人次,占比为 17.9%;对当前的城乡最低生活保障状况感到一般的为 1 960 人次,占比为 39.7%;对当前的城乡最低生活保障状况比较满意的为 974 人次,占比为 19.7%;对当前的城乡最低生活保障状况非常满意的为 616 人次,占比为 12.5%。见表 3-8-12。

表 3-8-12　您对当前的城乡最低生活保障状况的满意度

	频率	百分比(%)
非常不满意	504	10.2
不太满意	884	17.9
一般	1 960	39.7
比较满意	974	19.7
非常满意	616	12.5
总计	4 938	100.0

　　在被调查的有效样本中,受访者对当前政府提供的经济适用房、公租房、廉租房等基本住房保障状况非常不满意的为 775 人次,占比为 15.7%;对当前政府提供的经济适用房、公租房、廉租房等基本住房保障状况不太满意的为 950 人次,占比为 19.2%;对当前政府提供的经济适用房、公租房、廉租房等基本住房保障状况感到一般的为 1 798 人次,占比为 36.4%;对当前政府提供的经济适用房、公租房、廉租房等基本住房保障状况比较满意的为 829 人次,占比为

16.8%；对当前政府提供的经济适用房、公租房、廉租房等基本住房保障状况非常满意的为 591 人次，占比为 12%。见表 3-8-13。

表 3-8-13　您对当前政府提供的基本住房保障状况的满意度

	频率	百分比（%）
非常不满意	775	15.7
不太满意	950	19.2
一般	1 798	36.4
比较满意	829	16.8
非常满意	591	12.0
总计	4 943	100.0

在被调查的有效样本中，受访者对当前总体社会保障状况非常不满意的为 350 人次，占比为 7.1%；对当前总体社会保障状况不太满意的为 765 人次，占比为 15.5%；对当前总体社会保障状况感到一般的为 2 091 人次，占比为 42.4%；对当前总体社会保障状况比较满意的为 1 137 人次，占比为 23%；对当前总体社会保障状况非常满意的为 593 人次，占比为 12%。见表 3-8-14。

表 3-8-14　总体来说，您对社会保障状况的满意度

	频率	百分比（%）
非常不满意	350	7.1
不太满意	765	15.5
感觉一般	2 091	42.4
比较满意	1 137	23.0
非常满意	593	12.0
总计	4 936	100.0

在被调查的有效样本中，受访者对自己与领导的关系非常不满意的为 78 人次，占比为 1.6%；对自己与领导的关系不太满意的为 245 人次，占比为 5%；对自己与领导的关系感到一般的为 1 376 人次，占比为 27.8%；对自己与领导的关系比较满意的为 1 736 人次，占比为 35.1%；对自己与领导的关系非常满意的为 1 510 人次，占比为 30.5%。见表 3-8-1。

表 3-8-15　您对自己与领导关系的满意度

	频率	百分比(%)
非常不满意	78	1.6
不太满意	245	5.0
一般	1 376	27.8
比较满意	1 736	35.1
非常满意	1 510	30.5
总计	4 945	100.0

在被调查的样本中,受访者对自己与同事的关系非常不满意的为 30 人次,占比为 0.6%;对自己与同事的关系不太满意的为 115 人次,占比为 2.3%;对自己与同事的关系感到一般的为 948 人次,占比为 19.2%;对自己与同事的关系比较满意的为 1 972 人次,占比为 39.9%;对自己与同事的关系非常满意的为 1 881 人次,占比为 38%。见表 3-8-16。

表 3-8-16　您对自己与同事关系的满意度

	频率	百分比(%)
非常不满意	30	0.6
不太满意	115	2.3
一般	948	19.2
比较满意	1 972	39.9
非常满意	1 881	38.0
总计	4 946	100.0

在被调查的有效样本中,受访者对自己与朋友关系非常不满意的为 23 人次,占比为 0.5%;对自己与朋友关系不太满意的为 70 人次,占比为 1.4%;对自己与朋友关系感到一般的为 613 人次,占比为 12.4%;对自己与朋友关系比较满意的为 1 819 人次,占比为 36.7%;对自己与朋友关系非常满意的为 2 429 人次,占比为 49%。见表 3-8-17。

表 3-8-17　您对自己与朋友关系的满意度

	频率	百分比(%)
非常不满意	23	0.5

（续表）

	频率	百分比（%）
不太满意	70	1.4
一般	613	12.4
比较满意	1 819	36.7
非常满意	2 429	49.0
总计	4 954	100.0

在被调查的有效样本中，受访者对自己与邻居关系非常不满意的为47人次，占比为0.9%；对自己与邻居关系不太满意的为168人次，占比为3.4%；对自己与邻居关系感到一般的为1 079人次，占比为21.8%；对自己与邻居关系比较满意的为1 799人次，占比为36.3%；对自己与邻居关系非常满意的为1 862人次，占比为37.6%。见表3-8-18。

表3-8-18　您对自己与邻居关系的满意度

	频率	百分比（%）
非常不满意	47	0.9
不太满意	168	3.4
一般	1 079	21.8
比较满意	1 799	36.3
非常满意	1 862	37.6
总计	4 955	100.0

青年群体的家庭关系满意度高，其中比较满意和非常满意的人数占比高达90.0%，约有1.7%的青年对家人关系不太满意或非常不满意。参见表3-8-19。

表3-8-19　您对自己与家人关系的满意度

	频率	百分比（%）
非常不满意	28	0.6
不太满意	56	1.1
一般	408	8.2
比较满意	1 283	25.9
非常满意	3 176	64.1

（续表）

	频率	百分比（%）
总计	4 951	100.0

在被调查的有效样本中，受访者认为现在社会上不存在年龄歧视的为1 630人次，占比为32.9%；认为年龄歧视不太严重的为1 052人次，占比为21.3%；认为年龄歧视一般的为1 462人次，占比为29.6%；认为年龄歧视比较严重的为506人次，占比为10.2%；认为年龄歧视非常严重的为297人次，占比为6%。见表3-8-20。

表3-8-20　您认为现在社会上是否存在年龄歧视

	频率	百分比（%）
无此问题	1 630	32.9
不太严重	1 052	21.3
一般	1 462	29.6
比较严重	506	10.2
非常严重	297	6.0
总计	4 947	100.0

在被调查的有效样本中，受访者认为现在社会上不存在性别歧视的为1 537人次，占比为31.1%；认为性别歧视不太严重的为985人次，占比为19.9%；认为性别歧视认一般的为1 368人次，占比为27.7%；认为性别歧视比较严重的为690人次，占比为14%；认为性别歧视非常严重的为358人次，占比为7.2%。见表3-8-21。

表3-8-21　您认为现在社会上是否存在性别歧视

	频率	百分比（%）
无此问题	1537	31.1
不太严重	985	19.9
尚可	1 368	27.7
比较严重	690	14.0
非常严重	358	7.2
总计	4 938	100.0

在被调查的有效样本中,受访者认为现在社会上不存在教育程度歧视的未800人次,占比为16.2%;认为教育程度歧视不太严重的为766人次,占比为15.5%;认为教育程度歧视一般的为1 582人次,占比为32%;认为教育程度歧视比较严重的为1 097人次,占比为22.2%;认为教育程度歧视非常严重的为699人次,占比为14.1%。见表3-8-22。

表3-8-22　您认为现在社会上是否存在教育程度歧视

	频率	百分比(%)
无此问题	800	16.2
不太严重	766	15.5
存在	1 582	32.0
比较严重	1 097	22.2
非常严重	699	14.1
总计	4 944	100.0

在被调查的有效样本中,受访者认为现在社会上不存在户口歧视的为1 549人次,占比为31.4%;认为户口歧视不太严重的为956人次,占比为19.4%;认为户口歧视一般的为1 363人次,占比为27.6%;认为户口歧视比较严重的为603人次,占比为12.2%;认为户口歧视非常严重的为466人次,占比为9.4%。见表3-8-23。

表3-8-23　您认为现在社会上是否存在户口歧视

	频率	百分比(%)
无此问题	1 549	31.4
不太严重	956	19.4
存在	1 363	27.6
比较严重	603	12.2
非常严重	466	9.4
总计	4 937	100.0

在被调查的有效样本中,受访者认为现在社会上不存在家庭背景及社会关系歧视的为831人次,占比为16.8%;认为家庭背景及社会关系歧视不太严重

的为 660 人次,占比为 13.4%;认为家庭背景及社会关系歧视存在的为 1 277
人次,占比为 25.8%;认为家庭背景及社会关系歧视比较严重的为 951 人次,占
比为 19.2%;认为家庭背景及社会关系歧视非常严重的为 1 224 人次,占比为
24.8%。见表 3-8-24。

表 3-8-24　您认为现在社会上是否存在家庭背景及社会关系歧视

	频率	百分比(%)
无此问题	831	16.8
不太严重	660	13.4
存在	1 277	25.8
比较严重	951	19.2
非常严重	1 224	24.8
总计	4 943	100.0

九、社会参与与竞争状况

　　青年社会群体的社会参与在调查问卷中体现在社区参与、政党活动参与和志愿服务三个方面的内容。在社区参与上,设置了以下问题:过去半年您参加过社区内哪些活动,过去半年您参加社区活动的频率怎么样,您不参与社区活动的原因是什么。在政党活动参与上,设置了以下问题:过去半年您是否参加过以下活动,过去半年您参与政党活动的频率。在志愿服务上,设置了以下问题:参加志愿服务的频率、提供志愿服务的类型、参加志愿服务的途径、参加志愿服务的身份、不参与志愿服务的原因等。

(一)青年群体整体参与社区活动频率不高

　　本次调查青年在过去半年参加社区活动的情况为:有效值为 4 887 人,参加社区政治活动的人数为 784 人,占总人数的 16.0%;参加社区文化娱乐活动的人数为 1 189 人,占总人数的 24.3%;参加社区管理活动的人数为 383 人,占总人数的 7.8%;参加社区公益活动的人数为 971 人,占总人数的 19.9%;参加社区宣传教育活动的人数为 670 人,占总人数的 13.7%;均参加的人数为 2 575 人,占总数的 52.7%。

　　超过半数的被调查者表示在过去的半年内没有参加所列举的任何的社区活动。在半年内参与过社区活动的被调查者中,参与社会文化娱乐活动的人最多,其次是参与社会公益活动,排在第三和第四位的是参与社区政治活动和社区宣传教育活动,排在最后一位的是参与社区管理活动。具体情况见表3-9-1。

表3-9-1　过去半年您参加过社区内哪些活动(多选)

	频率	百分比(%)
社区政治活动	784	16.0
社区文化娱乐活动	1 189	24.3
社区管理活动	383	7.8
社区公益活动	971	19.9
社区宣传教育活动	670	13.7

（续表）

	频率	百分比（%）
均未参加	2 575	52.7
有效	4 887	100.0

本次调查青年在过去半年参与社区活动的频率情况为：有效值为 2 392 人，经常参加社区活动的人数为 278 人，占总人数的 11.6%；偶尔参加社区活动的人数为 1 200 人，占总人数的 50.2%；很少参加社区活动的人数为 732 人，占总人数的 30.6%；从未参加社区活动的人数为 182 人，占总人数的 7.6%，见表3-9-2。

表 3-9-2　过去半年参与社区活动的频率

	频率	百分比（%）
经常参加	278	11.6
偶尔参加	1 200	50.2
很少参加	732	30.6
从未参加	182	7.6
总计	2 392	100.0

本次调查青年不参与社区活动原因的情况为：有效值为 4 852 人，选择没有时间的为 3 195 人，占总人数的 65.8%；选择影响工作、学习或生活的为 551 人，占总人数的 11.4%；选择没有兴趣的为 938 人，占总人数的 19.3%；选择活动本身无吸引力的为 1 000 人，占总人数的 20.6%；选择其他原因的为 845 人，占总人数的 17.4%，见表 3-9-3。

表 3-9-3　不参与社区活动的原因

	频率	百分比（%）
没有时间	3 195	65.8
影响工作、学习或生活	551	11.4
没有兴趣	938	19.3
活动本身无吸引力	1 000	20.6
其他	845	17.4
总计	4 852	100.0

（二）青年群体政治参与度不高

本次调查青年过去半年内有参政议政活动的情况为:有效值为 4 919 人,未有过参政议政活动的为 4 715 人,占总人数的 95.9%;有过参政议政的为 204 人,占总人数的 4.1%。见表 3-9-4。

表 3-9-4　过去半年内您是否有过参政议政活动

	频率	百分比(%)
否	4 715	95.9
是	204	4.1
总计	4 919	100.0

本次调查青年过去半年内参加国际民间交往活动的情况为:有效值为 4 902 人,未参加过国际民间交往活动的人数为 4 762 人,占总人数的 97.1%;参加过国际民间交往活动的人数为 140 人,占总人数的 2.9%。见表 3-9-4 和表 3-9-5。

表 3-9-5　过去半年内您是否参加过国际民间交往活动

	频率	百分比(%)
否	4 762	97.1
是	140	2.9
总计	4 902	100.0

本次调查青年过去半年内参与政党活动频率的情况为:有效值为 4 923 人,经常参与活动的为 189 人,占总人数的 3.8%;偶尔参与的为 411 人,占总人数的 8.3%;很少参与的为 605 人,占总人数的 12.3%;从未参与活动的为 3 718 人,占总人数的 75.5%。见表 3-9-6。

表 3-9-6　过去半年内参与政党活动的频率

	频率	百分比(%)
经常	189	3.8
偶尔	411	8.3
很少	605	12.3

（续表）

	频率	百分比(%)
从未	3 718	75.5
总计	4 923	100.0

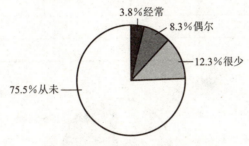

图 3-9-1　参与政党活动的频率

本次调查青年在过去半年内参与社会组织活动的情况为：有效值为 4 945 人，经常参与的人数为 215 人，占总人数的 4.3%；偶尔参与的人数为 871 人，占总人数的 17.6%；很少参与的人数为 1 182 人，占总人数的 23.9%；从未参与的人数为 2 677 人，占总人数的 54.1%。见表 3-9-7。

表 3-9-7　过去半年内参与社会组织活动的情况

	频率	百分比(%)
经常	215	4.3
偶尔	871	17.6
很少	1 182	23.9
从未	2 677	54.1
总计	4 945	100.0

（三）青年群体志愿服务参与水平不是很高

本次调查青年在过去半年内参与志愿者活动频率的情况为：有效值为 4 894 人，经常参与的人数为 240 人，占总人数的 4.9%；偶尔参与的人数为 956 人，占总人数的 19.5%；很少参与的人数为 1 123 人，占总人数的 22.9%；从未参与过的人数为 2 575 人，占总人数的 52.6%。见表 3-9-8。

表 3-9-8　过去半年内参与志愿活动的频率

	频率	百分比（%）
经常	240	4.9
偶尔	956	19.5
很少	1 123	22.9
从未	2 575	52.6
总计	4 894	100.0

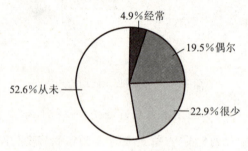

图 3-9-2　参与志愿活动的频率

本次调查青年参与志愿服务类型的情况为：有效值为 2 250 人，参与体能型服务的人数为 1 633 人，占总人数的 72.6%；参与技能型服务的人数为 530 人，占总人数的 23.6%；参与智能型服务的人数为 686 人，占总人数的 30.5%；参与其他类型服务的人数为 13 人，占总人数的 0.6%。见表 3-9-9。

表 3-9-9　您参与的志愿服务的类型（多选）

	频率	百分比（%）
体能型服务	1 633	72.6
技能型服务	530	23.6
智能型服务	686	30.5
其他	13	0.6
有效	2 250	100.0

本次调查青年参与志愿服务途径的情况为：有效值为 2 292 人，通过亲戚/朋友、熟人/同事介绍参加的人数为 803 人，占总人数的 35.0%；通过单位（或学校）要求或统一安排参加的人数为 1 385 人，占总人数的 60.4%；通过广

播、报纸、电视等传统媒体的渠道参加的为322人,占总人数的14%;通过互联网络、微信、微博等新媒体参加的人数为483人,占总人数的21.1%;通过本社区居委会通知后参加的人数为417人,占总人数的18.2%;通过自己主动寻找参加的人数为356人,占总人数的15.5%;通过其他途径参加的人数为9人,占总人数的0.4%。见表3-9-10。

表3-9-10 参加志愿服务的途径

	频率	百分比(%)
亲戚/朋友、熟人/同事介绍	803	35.0
单位(或学校)要求或统一安排	1 385	60.4
广播、报纸、电视等传统媒体的渠道	322	14.0
互联网络、微信、微博等新媒体	483	21.1
本社区居委会的通知	417	18.2
自己主动寻找	356	15.5
其他	9	0.4
有效	2 292	100.0

本次调查青年以何种身份参与志愿活动的情况为:有效值为2 320人,以组织者的身份参与志愿活动的人数为358人,占总人数的15.4%;以参与者的身份参与志愿活动的人数为2 044人,占总人数的88.1%;以旁观者的身份参与志愿活动的人数为287人,占总人数的12.4%。见表3-9-11。

表3-9-11 您都以什么身份参与志愿活动(多选)

	频率	百分比(%)
组织者	358	15.4
参与者	2 044	88.1
旁观者	287	12.4
有效	2 320	100.0

本次调查青年不参与志愿活动的原因为:有效值为4 886人,选择没有时间的人数为3 480人,占总人数的71.2%;选择影响工作、学习或生活的人数为631人,占总人数的12.9%;选择没有兴趣的人数为705人,占总人数的

14.4％；选择活动本身无吸引力的人数为 834 人，占总人数的 17.1％；选择其他原因的人数为 945 人，占总人数的 19.3％。见表 3-9-12。

表 3-9-12　您不参与志愿活动的原因(多选)

	频率	百分比(%)
没有时间	3 480	71.2
影响工作、学习或生活	631	12.9
没有兴趣	705	14.4
活动本身无吸引力	834	17.1
其他	945	19.3
有效	4 886	100.0

十、青年工作家庭关系状况

在被调查的有效样本中,有 4 169 人目前拥有工作。其中,目前这份工作从事了 1 年左右的有 1 184 人,占比为 28.4%;目前这份工作从事了 2 年左右的有 595 人,占比为 14.3%;目前这份工作从事了 3 年左右的有 401 人,占比为9.6%;目前这份工作从事了 4 年左右的有 359 人,占比为 8.6%;目前这份工作从事了 5 年左右的有 245 人,占比为 5.9%;目前这份工作从事时间多于 5 年的有 1 385 人,占比为 33.2%。见表 3-10-1。

表 3-10-1　目前这份工作您从事了多长时间

	频率	百分比(%)
1 年	1 184	28.4
2 年	595	14.3
3 年	401	9.6
4 年	359	8.6
5 年	245	5.9
大于 5 年	1 385	33.2
合计	4 169	100.0

在被调查的有效样本中,有 4 177 人填写了过去一个月平均每周的工作时间。其中,过去一个月每周工作 1～8 小时左右的有 411 人,占比为 9.8%;过去一个月每周工作 8～16 小时左右的有 25 人,占比为 0.6%;过去一个月每周工作 1～24 小时的有 165 人,占比为 4%;过去一个月每周工作 24～32 小时左右的有 2 002 人,占比 47.9%;过去一个月每周工作 32～40 小时左右的有1 087 人,占比为 26.0%;过去一个月每周工作时间多于 40 小时左右的有 487人,占比为 11.7%。见表 3-10-2。

表 3-10-2　过去 1 个月您平均每周工作多少个小时

	频率	百分比(%)
1～8 小时	411	9.8
8～16 小时	25	0.6

（续表）

	频率	百分比(%)
16～24 小时	165	4.0
24～32 小时	2 002	47.9
32～40 小时	1 087	26.0
大于 40 小时	487	11.7
合计	4 177	100.0

在被调查的有效样本中,有 4 093 人填写了过去一个月平均每周的工作时间。其中,过去一个月每周加班 1～8 小时左右的有 3 555 人,占比为 86.9%；过去一个月每周加班 8～16 小时左右的有 413 人,占比为 10.1%；过去一个月每周加班 16～24 小时左右的有 102 人,占比为 2.5%；过去一个月每周加班 24～32 小时左右的有 18 人,占比为 0.4%；过去一个月每周加班 32～40 小时左右的有 3 人,占比为 0.1%；过去一个月每周加班时间多于 40 小时左右的有 2 人,占比为 0%。见表 3-10-3。

表 3-10-3　过去一个月您平均每周加班多少小时

	频率	百分比(%)
1～8 小时	3 555	86.9
8～16 小时	413	10.1
16～24 小时	102	2.5
24～32 小时	18	0.4
32～40 小时	3	0.1
大于 40 小时	2	0
合计	4 093	100.0

在被调查的有效样本中,有 347 人半年来从事过兼职工作,其中,半年来每周兼职工作 1～8 小时的有 277 人,占比为 79.8%；半年来每周兼职工作 8～16 小时的有 39 人,占比为 11.2%；半年来每周兼职工作 16～24 小时的有 15 人,占比为 4.3%；半年来每周兼职工作 24～32 小时的有 9 人,占比为 2.6%；半年来每周兼职工作 32～40 小时的有 5 人,占比为 1.4%；半年来每周兼职工作时间多于 40 小时左右的有 2 人,占比为 0.6%。见表 3-10-4 与表 3-10-5。

表 3-10-4　半年来您是否从事过兼职工作

	频率	百分比（%）
否	3 897	91.8
是	347	8.2
合计	4 244	100.0

表 3-10-5　兼职工作平均每周工作多少小时

	频率	百分比（%）
1～8 小时	277	79.8
8～16 小时	39	11.2
16～24 小时	15	4.3
24～32 小时	9	2.6
32～40 小时	5	1.4
大于 40 小时	2	0.6
合计	347	100.0

在被调查的有效样本中，有 4 250 人表达了工作对家庭生活影响程度的主观意见。其中，认为工作非常严重地影响了家庭生活的有 185 人，占比为 4.4%；认为工作严重影响家庭生活的有 206 人，占比为 4.8%；认为工作比较严重地影响家庭生活的有 608 人，占比 14.3%；认为工作对影响家庭生活的影响不太严重的有 3 251 人，占比 76.5%。见表 3-10-6。

表 3-10-6　您的工作对您家庭生活的影响程度

	频率	百分比（%）
非常严重	185	4.4
严重影响	206	4.8
比较严重	608	14.3
不太严重	3 251	76.5
合计	4 250	100.0

在被调查的有效样本中，有 4 247 人表达了对"我会把工作带回家做"的同意程度主观看法。其中，完全不同意这一看法的有 1 193 人，即他们肯定

不会把工作带回家做,占比为 28.1%;不太同意这一看法的有 1 221 人,占比为 28.7%;持不确定态度的有 961 人,即他们可能会把工作带回家做,占比为 22.6%;比较同意将工作带回家做的有 628 人,占比为 14.8%;非常同意将工作带回家做的有 244 人,占比为 5.7%。见表 3-10-7。

表 3-10-7　您是否同意把工作带回家做

	频率	百分比(%)
完全不赞成	1 193	28.1
不太赞成	1 221	28.7
不确定	961	22.6
比较赞成	628	14.8
非常赞成	244	5.7
合计	4 247	100.0

在被调查的有效样本中,有 4 237 人表达了对"工作要求使我难以在家中放松状态"的同意程度主观看法。其中,完全不同意这一说法的有 779 人,占比为 18.4%;不太同意这一说法的有 1 352 人,占比为 31.9%;持不确定态度的有 994 人,占比为 23.5%;比较同意这一看法的有 729 人,占比为 17.2%;非常同意这一观点的有 383 人,占比为 9%。表 3-10-8。

表 3-10-8　您是否同意"工作要求使自己难以在家中处于放松状态"

	频率	百分比(%)
完全不同意	779	18.4
不太同意	1 352	31.9
不确定	994	23.5
比较同意	729	17.2
非常同意	383	9.0
合计	4 237	100.0

在被调查的有效样本中,有 4 235 人表达了对"工作让家人觉得我是积极乐观的人"的同意程度主观看法。其中,完全不同意这一看法的有 343 人,占比为 18.4%;不太同意这一看法的有 592 人,占比为 14%;持不确定态度的有

1 148 人,占比为 27.1%;比较同意这一看法的有 1 405 人,占比为 33.2%;非常同意这一看法的有 747 人,占比为 17.6%。见表 3-10-9。

表 3-10-9　您是否同意"工作让家人觉得我是积极乐观的人"

	频率	百分比(%)
完全不同意	343	8.1
不太同意	592	14.0
不确定	1 148	27.1
比较同意	1 405	33.2
非常同意	747	17.6
合计	4 235	100.0

在被调查的有效样本中,有 4 232 人表达了对"家人的理解和支持让我工作更有动力"的同意程度主观看法。其中,完全不同意这一看法的有 179 人,占比为 4.2%;不太同意这一看法的有 196 人,占比为 4.6%;持不确定态度的有 541 人,占比为 12.8%;比较同意这一看法的有 1 769 人,占比为 41.8%;非常同意这一看法的有 1 547 人,占比为 36.6%。见表 3-10-10。

表 3-10-10　您是否同意"家人的理解和支持让我工作更有动力"

	频率	百分比(%)
完全不同意	179	4.2
不太同意	196	4.6
不确定	541	12.8
比较同意	1 769	41.8
非常同意	1 547	36.6
合计	4 232	100.0

在被调查的有效样本中,有 4 231 人表达了对"家人不喜欢我在家中还总是忙于工作"的同意程度主观看法。其中,完全不同意这一看法的有 383 人,占比 9.1%;不太同意这一看法的有 600 人,占比为 14.2%;持不确定态度的有 999 人,占比为 23.6%;比较同意这一看法的有 1 159 人,占比为 27.4%;非常同意这一看法的有 1 090 人,占比为 25.8%。见表 3-10-11。

表 3-10-11　您是否同意"家人不喜欢我在家中还总是忙于工作"

	频率	百分比(%)
完全不同意	383	9.1
不太同意	600	14.2
不确定	999	23.6
比较同意	1 159	27.4
非常同意	1 090	25.8
合计	4 231	100.0

　　当被问到"过去半年,您多久见父母一次"时,在被调查的 5 009 个有效样本中,有 796 人认为不适宜回答此问题,4 213 人认为适宜回答。在 4 213 人中,过去半年几乎每天见到父母的为 1 215 人,占比为 24.3%;经常见父母的为 1 460 人,占比为 29.2%;偶尔见父母的为 852 人,占比为 17%;很少见父母的为 686 人,占比为 15.9%。见表 3-10-12。

表 3-10-12　过去半年您多久见父母一次

	频率	百分比	有效百分比	累积百分比(%)
几乎每天	1 215	24.3	28.8	28.8
经常	1 460	29.2	34.7	63.5
偶尔	852	17.0	20.2	83.7
很少	686	13.7	16.3	100.0
合计	4 213	84.1	100.0	
不适用	796	15.9		
合计	5 009	100.0		

　　青年群体与父母相处的时间分化程度比较高,大约 41.7% 的青年认为与父母相处时间较短,大约 34.1% 的青年认为自己与父母相处时间比较多。见表 3-10-13。

表 3-10-13　您认为您与父母相处的时间长短

	频率	有效百分比	累积百分比(%)
几乎没有	279	5.8	5.8

（续表）

	频率	有效百分比	累积百分比（%）
时间较少	1 743	36.0	41.7
一般	1 172	24.2	65.9
经常	924	19.1	85.0
非常多	726	15.0	100.0
合计	4 844	100.0	

在被调查的有效样本中，有4 905人表明了遇到烦恼时自己的诉说对象都有哪些。其中，选择向父母诉说的有1 765人，占比为36%；选择向兄弟姐妹诉说的有750人，占比为15.3%；选择向家里其他人诉说的有665人，占比为13.6%；选择向老师诉说的有51人，占比为1%；选择向同学诉说的有425人，占比为8.7%；选择向同事诉说的有383人，占比为7.8%；选择向朋友诉说的有929人，占比为39.3%；选择向网友诉说的有134人，占比为2.7%；选择向心理辅导员诉说的有31人，占比为0.6%；选择从不向他人诉说的有370人，占比为7.5%；选择其他诉说对象的有19人，占比为0.4%。见表3-10-14。

表3-10-14 当您遇到烦恼时一般向谁诉说

	频率	百分比（%）
父母	1 765	36.0
兄弟姐妹	750	15.3
家里其他人	665	13.6
老师	51	1.0
同学	425	8.7
同事	383	7.8
朋友	1 929	39.3
网友	134	2.7
心理辅导人员	31	0.6
从不向他人诉说	370	7.5
其他	19	0.4
合计	4 905	

在被调查的有效样本中,有 4 859 人每周有家务劳动的时间分配。其中,每周家务劳动时间在 1～8 小时之间的有 4 478 人,占比为 92.2%;每周家务劳动时间在 8～16 小时之间的有 317 人,占比为 6.5%;每周家务劳动时间在 16～24 小时之间的有 38 人,占比为 0.8%;每周家务劳动时间在 24～32 小时之间的有 17 人,占比为 0.3%;每周家务劳动时间在 32～40 小时之间的有 6 人,占比为 0.1%;每周家务劳动时间多于 40 小时的有 3 人,占比为 0.1%。见表 3-10-15。

表 3-10-15　每周家务劳动多少小时

	频率	百分比(%)
1～8 小时	4 478	92.2
8～16 小时	317	6.5
16～24 小时	38	0.8
24～32 小时	17	0.3
32～40 小时	6	0.1
大于 40 小时	3	0.1
合计	4 859	100.0

在被调查的有效样本中,有 4 779 人回答了"每周和家人一起吃晚餐多少天"的问题。其中,每周没有时间和家人吃晚餐的有 722 人,占比为 15.1%;每周有 1 天和家人吃晚餐的有 870 人,占比为 18.2%;每周有 2 天和家人吃晚餐的有 548 人,占比为 11.5%;每周有 3 天和家人吃晚餐的有 339 人,占比为 7.1%;每周有 4 天和家人吃晚餐的有 210 人,占比为 4.4%;每周有 5 天和家人吃晚餐的有 482 人,占比为 10.1%;每周有 6 天和家人吃晚餐的有 274 人,占比为 5.7%;每周每天都和家人吃晚餐的有 1 334 人,占比为 27.9%。见表 3-10-16。

表 3-10-16　每周有多少天和家人一起吃晚餐

	频率	百分比(%)
0 天	722	15.1
1 天	870	18.2

（续表）

	频率	百分比（%）
2 天	548	11. 5
3 天	339	7. 1
4 天	210	4. 4
5 天	482	10. 1
6 天	274	5. 7
7 天	1 334	27. 9
合计	4 779	100. 0

十一、青年休闲与消费状况

在被调查的有效样本中,有 4 696 人回答了自己每周的休息情况。其中,每周没有休息日的有 396 人,占比为 8.4%;每周休息 1 天的有 2 229 人,占比为 47.5%;每周休息 2 天的有 1 938 人,占比为 41.3%;每周休息 3 天的有 39 人,占比为 0.8%;每周休息 4 天的有 31 人,占比为 0.7%;每周休息 5 天的有 8 人,占比为 0.2%;每周休息 6 天的有 6 人,占比 0.1%,每周休息 7 天的有 49 人,占比 1%。见表 3-11-1。

表 3-11-1　您每周休息几天

	频率	百分比(%)
0 天	396	8.4
1 天	2 229	47.5
2 天	1 938	41.3
3 天	39	0.8
4 天	31	0.7
5 天	8	0.2
6 天	6	0.1
7 天	49	1.0
合计	4 696	100.0

在被调查的有效样本中,有 4 755 人回答了闲暇时做哪些活动。其中,闲暇时唱歌的有 1 180 人,占比为 24.8%;闲暇时聚餐的有 2 544 人,占比为 53.5%;闲暇时读书的有 1 702 人,占比为 35.8%;闲暇时听讲座的有 196 人,占比为 4.1%;闲暇时绘画的有 209 人,占比为 4.4%;闲暇时摄影的有 292 人,占比为 6.1%;闲暇时从事体育运动的有 1 664 人,占比为 35%;闲暇时外出旅游的有 1 562 人,占比为 32.8%;闲暇时选择其他活动的有 21 人,占比为 0.4%。见表 3-11-2。

表 3-11-2　您闲暇时都做什么（多选）

	频率	百分比（%）
唱歌	1 180	24.8
聚餐	2 544	53.5
读书	1 702	35.8
听讲座	196	4.1
绘画	209	4.4
摄影	292	6.1
体育运动	1 664	35.0
外出旅游	1 562	32.8
其他	21	0.4
合计	4 755	

　　在被调查的有效样本中,有 4 243 人回答了买东西时的偏好。其中,看重价格的有 700 人,占比为 16.5%;看重质量的有 2 516 人,占比为 59.3%;看重品牌的有 234 人,占比为 5.5%;看重喜好的有 793 人,占比为 18.7%。见表 3-11-3。

表 3-11-3　买东西时比较看重什么

	频率	百分比（%）
价格	700	16.5
质量	2 516	59.3
品牌	234	5.5
喜好	793	18.7
合计	4 243	100.0

　　在被调查的有效样本中,有 4 943 人回答了日常的消费方式。其中,日常消费方式为实体店购物的有 4 070 人,占比为 82.3%;日常消费方式为网购的有 3 987 人,占比为 80.7%;日常消费方式为电视购物的有 116 人,占比为 2.3%;日常消费方式为电话购物的有 50 人,占比为 1%;日常消费方式为接受上门推销的有 22 人,占比为 0.4%。见表 3-11-4。

表 3-11-4　您日常的消费方式有哪些（多选）

	频率	百分比（%）
实体店购物	4 070	82.3
网购	3 987	80.7
电视购物	116	2.3
电话购物	50	1.0
上门推销	22	0.4
合计	4 943	

在被调查的有效样本中,有 4 901 人回答了日常开销主要用在哪些方面。其中,日常开销主要用在恋爱方面的有 813 人,占比为 16.6%;日常开销主要用在外出娱乐方面的有 2 371 人,占比为 48.4%;日常开销主要用在购买日常用品的有 3 927 人,占比为 80.1%;日常开销主要用在人情世事的有 2 110 人,占比为 43.1%;日常开销主要用在教育支出方面的有 1 556 人,占比为 31.7%;日常开销主要用在其他方面的有 34 人,占比为 0.7%。见表 3-11-5。

表 3-11-5　您日常开销主要用在哪些方面（多选）

	频率	百分比（%）
恋爱	813	16.6
外出娱乐	2 371	48.4
日常用品	3 927	80.1
人情世事	2 110	43.1
教育支出	1 556	31.7
其他	34	0.7
合计	4 901	

十二、青年社会信任状况

研究表明,青年全体对各级党政部门及工、青、妇组织的信任水平很高。在被调查的有效样本中,有 4 846 人表明了对各级党政部门及工、青、妇组织的信任程度。其中,对各级党政部门及工、青、妇组织非常信任的有 1 310 人,占比为27%;对各级党政部门及工、青、妇组织比较信任的有 1 659 人,占比为 34.2%;对各级党政部门及工、青、妇组织信任程度一般的有 1 562 人,占比为 32.2%;对各级党政部门及工、青、妇组织不太信任的有 218 人,占比为 4.5%;对各级党政部门及工、青、妇组织完全不信任的有 97 人,占比为 2%。见表 3-12-1。

表 3-12-1　对各级党政部门及工、青、妇组织的信任程度

	频率	百分比(%)
非常信任	1 310	27.0
比较信任	1 659	34.2
一般	1 562	32.2
不太信任	218	4.5
完全不信任	97	2.0
合计	4 846	100.0

在被调查的有效样本中,有 4 846 人表明了对居委会或村委会的信任程度。其中,对各居委会或村委会非常信任的有 1 064 人,占比为 22%;对居委会或村委会比较信任的有 1 585 人,占比为 32.7%;对居委会或村委会信任程度一般的有 1 823 人,占比为 37.6%;对居委会或村委会不太信任的有 268 人,占比为5.5%;对居委会或村委会完全不信任的有 106 人,占比为 2.2%。见表 3-12-2。

表 3-12-2　对居委会或村委会的信任程度

	频率	百分比(%)
非常信任	1 064	22.0
比较信任	1 585	32.7
一般	1 823	37.6
不太信任	268	5.5

（续表）

	频率	百分比(%)
完全不信任	106	2.2
合计	4 846	100.0

在被调查的有效样本中,有4 846人表明了对工作单位的信任程度。其中,对工作单位非常信任的有1 380人,占比为28.5%;对工作单位比较信任的有2 009人,占比为41.5%;对工作单位信任程度一般的有1 290人,占比为26.6%;对工作单位不太信任的有115人,占比为2.4%;对工作单位完全不信任的有52人,占比为1.1%。见表3-12-3。

表3-12-3　对工作单位的信任程度

	频率	百分比(%)
非常信任	1 380	28.5
比较信任	2 009	41.5
一般	1 290	26.6
不太信任	115	2.4
完全不信任	52	1.1
合计	4 846	100.0

在被调查的有效样本中,有4 846人表明了对医疗机构的信任程度。其中,对医疗机构非常信任的有814人,占比为16.8%;对医疗机构比较信任的有1 684人,占比为34.8%;对医疗机构信任程度一般的有1 898人,占比为39.2%;对医疗机构不太信任的有345人,占比为7.1%;对医疗机构完全不信任的有105人,占比为2.2%。见表3-12-4。

表3-12-4　对医疗机构的信任程度

	频率	百分比(%)
非常信任	814	16.8
比较信任	1 684	34.8
一般	1 898	39.2
不太信任	345	7.1

（续表）

	频率	百分比（%）
完全不信任	105	2.2
合计	4 846	100.0

在被调查的有效样本中，有 4 846 人表明了对公益组织的信任程度。其中，对公益组织非常信任的有 796 人，占比为 16.4%；对公益组织比较信任的有 1 476 人，占比为 30.5%；对公益组织信任程度一般的有 2 064 人，占比为 42.6%；对公益组织不太信任的有 375 人，占比为 7.7%；对公益组织完全不信任的有 135 人，占比为 2.8%。见表 3-12-5。

表 3-12-5　对公益组织的信任程度

	频率	百分比（%）
非常信任	796	16.4
比较信任	1 476	30.5
一般	2 064	42.6
不太信任	375	7.7
完全不信任	135	2.8
合计	4 846	100.0

在被调查的有效样本中，有 4 846 人表明了对新闻媒体的信任程度。其中，对新闻媒体非常信任的有 727 人，占比为 15.0%；对新闻媒体比较信任的有 1 427 人，占比为 29.4%；对新闻媒体信任程度一般的有 2 063 人，占比为 42.6%；对新闻媒体不太信任的有 480 人，占比为 9.9%；对新闻媒体完全不信任的有 149 人，占比为 3.1%。见表 3-12-6。

表 3-12-6　对新闻媒体的信任程度

	频率	百分比（%）
非常信任	727	15.0
比较信任	1 427	29.4
一般	2 063	42.6
不太信任	480	9.9

（续表）

	频率	百分比(%)
完全不信任	149	3.1
合计	4 846	100.0

在被调查的有效样本中,有4 861人表明了对亲戚朋友的信任程度。其中,对亲戚朋友非常信任的有2 257人,占比为46.4%;对亲戚朋友比较信任的有2 012人,占比为41.4%;对亲戚朋友信任程度一般的有545人,占比为11.2%;对亲戚朋友不太信任的有27人,占比为0.6%;对亲戚朋友完全不信任的有20人,占比为0.4%。见表3-12-7。

表3-12-7　您信任亲戚朋友吗

	频率	百分比(%)
非常信任	2 257	46.4
比较信任	2 012	41.4
一般	545	11.2
不太信任	27	0.6
完全不信任	20	0.4
合计	4 861	100.0

在被调查的有效样本中,有4 861人表明了对邻居的信任程度。其中,对邻居非常信任的有782人,占比为16.1%;对邻居比较信任的有2 015人,占比为41.5%;对邻居信任程度一般的有1 841人,占比为37.9%;对邻居不太信任的有177人,占比为3.6%;对邻居完全不信任的有46人,占比为0.9%。见表3-12-8。

表3-12-8　您信任邻居吗

	频率	百分比(%)
非常信任	782	16.1
比较信任	2 015	41.5
一般	1 841	37.9
不太信任	177	3.6

（续表）

	频率	百分比(%)
完全不信任	46	0.9
合计	4 861	100.0

在被调查的有效样本中,有 4 861 人表明了对单位领导/上司或老板的信任程度。其中,对单位领导/上司或老板非常信任的有 1 107 人,占比为 22.8%;对单位领导/上司或老板比较信任的有 2 135 人,占比为 43.9%;对单位领导/上司或老板信任程度一般的有 1 422 人,占比为 29.3%;对单位领导/上司或老板不太信任的有 138 人,占比为 2.8%;对单位领导/上司或老板完全不信任的有 59 人,占比为 1.2%。见表 3-12-9。

表 3-12-9　您信任单位领导/上司或老板吗

	频率	百分比(%)
非常信任	1 107	22.8
比较信任	2 135	43.9
一般	1 422	29.3
不太信任	138	2.8
完全不信任	59	1.2
合计	4 861	100.0

在被调查的有效样本中,有 4 861 人表明了对警察的信任程度。其中,对警察非常信任的有 1 261 人,占比为 25.9%;对警察比较信任的有 1 947 人,占比为 40.1%;对警察信任程度一般的有 1 348 人,占比为 27.7%;对警察不太信任的有 223 人,占比为 4.6%;对警察完全不信任的有 82 人,占比为 1.7%。见表 3-12-10。

表 3-12-10　您信任警察吗

	频率	百分比(%)
非常信任	1 261	25.9
比较信任	1 947	40.1
一般	1 348	27.7
不太信任	223	4.6

（续表）

	频率	百分比（%）
完全不信任	82	1.7
合计	4 861	100.0

在被调查的有效样本中，有4 861人表明了对法官的信任程度。其中，对法官非常信任的有1 258人，占比为25.9%；对法官比较信任的有1 907人，占比为39.2%；对法官信任程度一般的有1391人，占比为28.6%；对法官不太信任的有219人，占比为4.5%；对法官完全不信任的有86人，占比为1.8%。见表3-12-11。

表3-12-11　您信任法官吗

	频率	百分比（%）
非常信任	1 258	25.9
比较信任	1 907	39.2
一般	1 391	28.6
不太信任	219	4.5
完全不信任	86	1.8
合计	4 861	100.0

在被调查的有效样本中，有4 861人表明了对党政领导干部的信任程度。其中，对党政领导干部非常信任的有1 173人，占比为24.1%；对党政领导干部比较信任的有1 708人，占比为35.1%；对党政领导干部信任程度一般的有1 603人，占比为33.0%；对党政领导干部不太信任的有268人，占比为5.5%；对党政领导干部完全不信任的有109人，占比为2.2%。见表3-12-12。

表3-12-12　您信任党政领导干部吗

	频率	百分比（%）
非常信任	1 173	24.1
比较信任	1 708	35.1
一般	1 603	33.0
不太信任	268	5.5
完全不信任	109	2.2

（续表）

	频率	百分比（％）
合计	4 861	100.0

　　在被调查的有效样本中,有4 861人表明了对党政机关办事人员的信任程度。其中,对党政机关办事人员非常信任的有1 097人,占比为22.6％;对党政机关办事人员比较信任的有1 656人,占比为34.1％;对党政机关办事人员信任程度一般的有1 698人,占比为34.9％;对党政机关办事人员不太信任的有297人,占比为6.1％;对党政机关办事人员完全不信任的有113人,占比为2.3％。见表3-12-13。

表3-12-13　您信任党政机关办事人员吗

	频率	百分比（％）
非常信任	1 097	22.6
比较信任	1 656	34.1
一般	1 698	34.9
不太信任	297	6.1
完全不信任	113	2.3
合计	4 861	100.0

　　在被调查的有效样本中,有4 861人表明了对企业家的信任程度。其中,对企业家非常信任的有650人,占比为13.4％;对企业家比较信任的有1 402人,占比为28.8％;对企业家信任程度一般的有2 256人,占比为46.4％;对企业家不太信任的有434人,占比为8.9％;对企业家完全不信任的有119人,占比为2.4％。见表3-12-14。

表3-12-14　您信任企业家吗

	频率	百分比（％）
非常信任	650	13.4
比较信任	1 402	28.8
一般	2 256	46.4
不太信任	434	8.9
完全不信任	119	2.4

（续表）

	频率	百分比(%)
合计	4 861	100.0

在被调查的有效样本中,有 4 861 人表明了对教师的信任程度。其中,对教师非常信任的有 1 211 人,占比为 24.9%;对教师比较信任的有 2 047 人,占比为 42.1%;对教师信任程度一般的有 1 366 人,占比为 28.1%;对教师不太信任的有 173 人,占比为 3.6%;对教师完全不信任的有 64 人,占比为 1.3%。见表 3-12-15。

表 3-12-15　您信任教师吗

	频率	百分比(%)
非常信任	1 211	24.9
比较信任	2 047	42.1
一般	1 366	28.1
不太信任	173	3.6
完全不信任	64	1.3
合计	4 861	100.0

在被调查的有效样本中,有 4 861 人表明了对医生的信任程度。其中,对医生非常信任的有 1 073 人,占比为 22.1%;对医生比较信任的有 2 047 人,占比为 42.1%;对医生信任程度一般的有 1 426 人,占比为 29.3%;对医生不太信任的有 246 人,占比为 5.1%;对医生完全不信任的有 69 人,占比为 1.4%。见表 3-12-16。

表 3-12-16　您信任医生吗

	频率	百分比(%)
非常信任	1 073	22.1
比较信任	2 047	42.1
一般	1 426	29.3
不太信任	246	5.1
完全不信任	69	1.4
合计	4 861	100.0

在被调查的有效样本中,有 4 861 人表明了对陌生人的信任程度。其中,对陌生人非常信任的有 181 人,占比为 3.7%;对陌生人比较信任的有 303 人,占比为 6.2%;对陌生人信任程度一般的有 1 432 人,占比为 29.5%;对陌生人不太信任的有 1 570 人,占比为 28.3%;对陌生人完全不信任的有 1 375 人,占比为 28.3%。见表 3-12-17。

表 3-12-17　您信任陌生人吗

	频率	百分比(%)
非常信任	181	3.7
比较信任	303	6.2
一般	1 432	29.5
不太信任	1 570	32.3
完全不信任	1 375	28.3
合计	4 861	100.0

在被调查的有效样本中,有 4 889 人表明了自己有多少可以得到支持和帮助的密切关系的朋友。其中,没有密切关系朋友的有 109 人,占比为 2.2%;有 1～2 个密切关系的朋友的有 1437 人,占比为 29.4%;有 3～5 个密切关系的朋友的有 2 163 人,占比为 44.2%;有 6 个及以上密切关系的朋友的有 1 180 人,占比为 24.1%。见表 3-12-18。

表 3-12-18　您有多少关系密切、可以得到支持和帮助的朋友

	频率	百分比(%)
没有	109	2.2
1～2 个	1 437	29.4
3～5 个	2 163	44.2
6 个及以上	1 180	24.1
合计	4 889	100.0

在被调查的有效样本中,有 4 889 人表明了自己与邻居的亲密关系程度。其中,与邻居相互之间从不关心、只是点头之交的有 1 013 人,占比为 20.7%;与邻居之间遇到困难可能稍微关心的有 1 688 人,占比为 34.5%;有些邻居对自己很关心的有 1 127 人,占比为 23.1%;大多数邻居很关心自己的有 1 061 人,

占比为 21.7%。见表 3-12-19。

表 3-12-19　您与邻居之间的关系

	频率	百分比(%)
相互之间从不关心,只是点头之交	1 013	20.7
遇到困难可能稍微关心	1 688	34.5
有些邻居很关心您	1 127	23.1
大多数邻居都很关心您	1 061	21.7
合计	4 889	100.0

在被调查的有效样本中,有 4 889 人表明了自己与同事/同学的亲密程度。其中,与同事/同学相互之间不关心、只是点头之交的有 156 人,占比为 3.2%;与同事/同学之间遇到困难可能稍微关心的有 922 人,占比为 18.9%;有些同事/同学对自己很关心的有 2 065 人,占比为 42.2%;大多数同事/同学很关心自己的有 1 746 人,占比为 35.7%。见表 3-12-20。

表 3-12-20　您与同事/同学之间的关系

	频率	百分比(%)
相互之间从不关心,只是点头之交	156	3.2
遇到困难可能稍微关心	922	18.9
有些同事/同学很关心您	2 065	42.2
大多数同事/同学都很关心您	1 746	35.7
合计	4 889	100.0

在被调查的有效样本中,有 4 889 人回想了过去 1 个月与同事朋友聚会的次数。其中,与同事朋友聚会 1 次以下的有 1 319 人,占比为 27%;与同事朋友聚会 2～3 次的有 2 373 人,占比为 48.5%;与同事朋友聚会 3 次以上的有 1 197 人,占比为 24.5%。见表 3-12-21。

表 3-12-21　您过去 1 个月与同事朋友聚会的次数

	频率	百分比(%)
1 次以下	1 319	27.0
2～3 次	2 373	48.5

（续表）

	频率	百分比（%）
3 次以上	1 197	24.5
合计	4 889	100.0

　　在被调查的有效样本中，有 4 894 人表明在自己遇到危急或困难情况时获得某种或多种来源的支持和帮助的情况。其中，曾经得到过来自家人的支持和帮助的有 4 393 人，占比为 89.8%；曾经得到过来自亲戚的支持和帮助的有 2 864 人，占比为 58.5%；曾经得到过来自朋友的支持和帮助的有 3 835 人，占比为 78.4%；曾经得到过来自同事的支持和帮助的有 1 909 人，占比为 39%；曾经得到过来自工作单位的支持和帮助的有 680 人，占比 13.9%；曾经得到过政府的支持和帮助的有 276 人，占比为 5.6%；曾经得到过来自宗教、社会团体等非官方组织的支持和帮助的有 38 人，占比为 0.8%；曾经得到过来自其他来源的支持和帮助的有 7 人，占比为 0.1%。见表 3-12-22 和表 3-12-23。

表 3-12-22　在您遇到危急或困难情况时是否得到过支持和帮助

	频率	百分比（%）
否	4 894	99.5
是	26	0.5
合计	4 920	100.0

表 3-12-23　在您遇到危急或困难情况时曾经得到的支持和帮助的来源（多选）

		频率	百分比（%）
家人	是	4 393	89.8
亲戚	是	2 864	58.5
朋友	是	3 835	78.4
同事	是	1 909	39.0
工作单位	是	680	13.9
政府	是	276	5.6
宗教、社会团体等非官方组织	是	38	0.8
其他	是	7	0.1
合计		4 894	

在被调查的有效样本中,有 4 572 人表达了丈夫或妻子(恋人)对自己的支持和照顾的情况,358 人认为不适宜回答此问题。其中,认为丈夫或妻子(恋人)对自己无支持和照顾的有 1 024 人,占比为 20.8%;认为丈夫或妻子(恋人)对自己的支持和照顾很少的有 106 人,占比为 2.2%;认为丈夫或妻子(恋人)对自己的支持和照顾一般的有 350 人,占比为 7.1%;认为丈夫或妻子(恋人)对自己的支持和照顾较多的有 1 130 人,占比为 22.9%;认为丈夫或妻子(恋人)对自己全力支持和照顾的有 1 962 人,占比为 39.8%。见表 3-12-24。

表 3-12-24　丈夫或妻子(恋人)对您的支持和照顾的情况

	频率	百分比(%)
无	1 024	20.8
很少	106	2.2
一般	350	7.1
较多支持	1 130	22.9
全力支持	1 962	39.8
合计	4 572	92.7
不适用	358	7.3
合计	4 930	100.0

在被调查的有效样本中,有 4 869 人表达了父母对自己的支持和照顾的情况,61 人认为不适宜回答此问题。其中,认为父母对自己无支持和照顾的有 62 人,占比为 1.3%;认为父母对自己的支持和照顾很少的有 71 人,占比为 1.4%;认为父母对自己的支持和照顾一般的有 287 人,占比为 5.8%;认为父母对自己的支持和照顾较多的有 1 329 人,占比 27%;认为父母对自己全力支持和照顾的有 3 120 人,占比为 63.3%。见表 3-12-25。

表 3-12-25　父母对您的支持和照顾的情况

	频率	百分比(%)
无	62	1.3
很少	71	1.4
一般	287	5.8

（续表）

	频率	百分比(%)
较多支持	1 329	27.0
全力支持	3 120	63.3
合计	4 869	98.8
不适用	61	1.2
合计	4 930	100.0

　　在被调查的有效样本中，有 4 514 人表达了兄弟姐妹对自己的支持和照顾的情况，有 416 人认为不适宜回答此问题。其中，认为兄弟姐妹对自己无支持和照顾的有 831 人，占比为 16.9％；认为兄弟姐妹对自己的支持和照顾很少的有 179 人，占比为 3.6％；认为兄弟姐妹对自己的支持和照顾一般的有 548 人，占比为 11.1％；认为兄弟姐妹对自己的支持和照顾较多的有 1 242 人，占比为 25.2％；认为兄弟姐妹对自己全力支持和照顾的有 1 714 人，占比为 34.8％。见表 3-12-26。

表 3-12-26　兄弟姐妹对您的支持和照顾的情况

	频率	百分比(%)
无	831	16.9
很少	179	3.6
一般	548	11.1
较多支持	1 242	25.2
全力支持	1 714	34.8
合计	4 514	91.6
不适用	416	8.4
合计	4 930	100.0

　　在被调查的有效样本中，有 4 135 人表达了其他成员（如嫂子）对自己的支持和照顾的情况，有 795 人认为不适宜回答此问题。其中，认为其他成员（如嫂子）对自己无支持和照顾的有 1 332 人，占比为 27％；认为其他成员（如嫂子）对自己的支持和照顾很少的有 263 人，占比为 5.3％；认为其他成员（如嫂子）对自己的支持和照顾一般的有 760 人，占比为 15.4％；认为其他成员（如嫂子）对自

己的支持和照顾较多的有 825 人，占比为 16.7%；认为其他成员（如嫂子）对自己全力支持和照顾的有 955 人，占比为 19.4%。见表 3-12-27。

表 3-12-27　其他成员（如嫂子）对您的支持和照顾的情况

	频率	百分比（%）
无	1 332	27.0
很少	263	5.3
一般	760	15.4
较多支持	825	16.7
全力支持	955	19.4
合计	4 135	83.9
不适用	795	16.1
合计	4 930	100.0

在被调查的有效样本中，有 4 927 人表明了自己遇到烦恼时的求助方式。其中，遇到烦恼时只靠自己而不接受别人帮助的有 294 人，占比为 6%；遇到烦恼时很少请求别人帮助的有 1 350 人，占比为 27.4%；遇到烦恼时有时请求别人帮助的有 1 753 人，占比为 35.6%；遇到烦恼时经常向家人、亲友、组织求援的有 1 530 人，占比为 31.3%。见表 3-12-28。

表 3-12-28　您遇到烦恼时的求助方式

	频率	百分比（%）
只靠自己,不接受别人帮助	294	6.0
很少请求别人帮助	1 350	27.4
有时请求别人帮助	1 753	35.6
有困难时经常向家人、亲友、组织求援	1 530	31.1
合计	4 927	100.0

十三、青年群体网络生存状况

（一）青年群体网络生存研究背景

当前,网络已经成为人们获取和交换信息的主要渠道,也逐渐成为人们生活交往的主要场所。"直面因特网,网络远比大工业使以往那些自然形成的鼓励国家愈发依赖整个世界,技术的无止境进步增强着人的社会属性和主体意识。每一比特不仅刺激着大脑中的思维细胞,而且更多的是引发了最终会涤荡全社会各个生存领域的深刻知识革命。"[①] 网络是一场生活革命,它革新着人们的语言方式、思维方式,慢慢改变了人们的生存生活方式。"

2018年8月20日,中国互联网络信息中心(CNNIC)在京发布第42次《中国互联网络发展状况统计报告》。截至2018年6月30日,我国网民规模达8.02亿,互联网普及率为57.7%。[②] 移动互联网塑造的社会生活形态进一步加强,"无网不在"已成为现代人们生存方式的真实写照。青年作为网络的主要受众群体,其生存生活环境中网络正日益占据越来越大的空间。当下广大人民群众特别是年轻人的生活与网络密不可分,"知识都在网络上、思想都在微博上、朋友都在QQ上、购物都在淘宝上"[③],他们的生活对网络的依赖程度不容小觑,因此也催生了网络生存的社会事实。

本报告聚焦于青岛市青岛青年的网络生存状况,以"青岛青年发展状况综合调查"(QYDS2017)的问卷为基础,从上网频率、网络活动类型以及网络沉溺程度三个维度,对青岛青年群体的网络生存状况进行基本描述分析和群体特征分析。网络生存是指在互联网普及率越来越高的当今时代,人们的生产、生活极大程度地依赖于网络的一种社会生活方式。它包括上网上时间投入、网络角色扮演与活动参与、网络沉溺程度等等方面。研究网络生存状况对社会变迁的生活方式探知具有重要意义。网络是社会变迁中改变现代人生活方式的重要

① 张彬,庞涛. 网络生存与社会控制 [J]. 攀登,2000,(5):108.
② 中国互联网络信息中心:《中国互联网络发展状况统计报告》,2018年.
③ 夏道玉,左雪松. 网络生存背景下大学生理想信念教育模式建构 [J]. 四川理工大学学报,2013,(2):92-96.

部分,网络生存是现代生活方式区别于传统生活方式的鲜明表征。研究网络生存状况有利于我们深入了解现代社会的生活方式,指导社会政策的制定和宣传,帮助弱化网络的不良影响,最大限度地发挥网络对生活的便捷、帮助作用。

(二)青年群体网络生存研究方法与程序

本研究使用了 QYDS2017 作为调查工具。QYDS2017 问卷共包括基本信息、身心健康状况、职业认同与发展、公民意识、人际关系与社会适应、社会参与及竞争状况、工作家庭关系状况、自我评价、生活质量、休闲消费、社会信任与社会支持及访谈记录共 11 个部分。其中,生活质量部分涉及网络生存的题目:"您使用网络的频率是?""您平时上网进行哪些活动?"以及"请按您的真实情况选择(网络沉溺情况测试)"。据此,利用 SPSS2.0 对青岛青年的网络生存状况进行分析。

网络生存量表的信度较好。信度(Reliability)指测验结果的一致性、稳定性及可靠性,一般多以内部一致性来加以表示该测验信度的高低。信度系数愈高即表示该测验的结果愈一致、稳定与可靠。Cronbach's Alpha 系数也称作标准阿尔法值,是用来检验一组量表测量某一指标的可靠程度如何:系数越高,测量的可靠度越高。网络生存量表的信度进行检验,一般克隆巴赫 α 系数在大于 0.7 代表问卷有比较高的信度;在 0.5 到 0.7 之间为可靠性一般。具体分析结果见表 3-13-1。

表 3-13-1　网络生存量表的信度检验

测量量表	可靠性统计量	项数
网络生存量表	0.587	8

由表 3-13-1 可以看出,网络生存的信度检验结果方面,上网频率、网络活动参与和网络投入程度的可信度 Cronbach's Alpha 系数值为 0.587,说明问卷可靠性尚可。

(三)青年群体网络使用频率的情况

上网频率是指人们在一定的单位时间内上网的周期性次数,是描述上网这项活动的频繁程度的量。测量网络生存的一个重要维度就是测量上网时间的投入与上网频率的高低。上网频率高则在一定程度上意味着网络生存的程度高,上网频率低则在一定意义上反映了网络生存并不是主要生存方式。

1. 青年群体网络使用频率高,网络依存程度高

绝大部分青年群体每天都使用网络,网络使用频率高。在被调查的有效样本中,每天使用网络的为 4 634 人次,占受访者总数的 93.7%;很少使用网络的为 193 人次,占受访者总数的 3.9%;几乎不用网络的为 64 人次,占受访者总数的 1.3%;不会上网的为 53 人次,占受访者总数的 1.1%,见表 3-13-2。由此可见,青岛青年的生产、生活对网络的依赖程度较高,受访者中超过 90%青年每天使用网络,网络已经成为其生活中不可缺少的一部分,而只有不到 10%的青年很少或者几乎或者不会上网。由此可见,青岛青年群体的网络生存程度较高。

表 3-13-2　受访者上网频率

	频率	百分比(%)
每天使用	4 634	93.7
很少使用	193	3.9
几乎不用	64	1.3
不会上网	53	1.1
总计	4 948	100

2. 网络是青年群体重要的资料信息获取方式

绝大部分受访者平时上网了解新闻和各类信息以及查找资料。在被调查的有效样本中,受访者平时上网进行了解新闻和各类信息以及查找资料活动的为 3 887 人次,占受访者总数的 78.8%;平时上网不了解新闻和各类信息以及查找资料的为 1 044 人次,占受访者总数的 21.2%。见表 3-13-3。由此可见,青岛青年群体网络信息获取活动参与程度高。

表 3-13-3　受访者平时上网是否了解新闻和各类信息以及查找资料

	频率	百分比(%)
是	3 887	78.8
否	1 044	21.2

（续表）

	频率	百分比（%）
总计	4 931	100

3.青年群体的网络社交活动程度高

绝大部分受访者平时上网使用微博（微信）等聊天、交友。在被调查的有效样本中，受访者平时上网使用微信（微博）等聊天、交友的为 3 500 人次，占受访者总数的 71%；平时不上网使用微信（微博）等聊天、交友的为 1 429 人次，占受访者总数的 29%。见表 3-13-4。由此可见，青年群体的网络社交活动程度高。

表 3-13-4　受访者平时是否上网使用微博（微信）等聊天交友

	频率	百分比（%）
是	3 500	71.0
否	1 429	29.0
总计	4 931	100

4.青年群体的网络话题参与活动程度较低

绝大部分受访者平时上网没有在论坛、微博（微信）、博客等发表评论。在被调查的有效样本中，受访者平时上网没有在论坛、微博（微信）、博客等发表评论的为 3 558 人次，占受访者总数的 72.2%；平时上网在论坛、微博（微信）、博客等发表自己的一些刊发评论的为 1 372 人次，占受访者总数的 27.8%。见表 3-13-5。由此可见，青岛青年群体的网络话题参与活动程度较低。

表 3-13-5　在论坛、微博（微信）、博客等发表评论的情况

	频率	百分比（%）
是	1 372	27.8
否	3 558	72.2
总计	4 931	100

5.相当比例的青年群体日常玩网络游戏

大部分受访者平时上网不玩网络游戏。在被调查的有效样本中，受访者平时上网不玩网络游戏的为 3 295 人次，占受访者总数的 66.8%；平时上网玩网

络游戏的为1 634人次,占受访者总数的33.2%。见表3-13-6。由此可见,青岛青年群体的网络游戏参与程度较低。

表3-13-6　受访者平时上网是否玩网络游戏

	频率	百分比(%)
是	1 634	33.2
否	3 295	66.8
总计	4 929	100

6. 青年群体网络购物理财比例较高

近一半受访者平时上网进行网上购物或投资理财活动,不在网上进行购物或投资理财的人次略高于平时上网进行网上购物或投资理财活动的人次。在被调查的有效样本中,受访者平时上网进行网上购物或投资理财活动的为2 412人次,占受访者总数的48.9%;平时上网不进行网上购物或投资理财活动的为2 517人次,占受访者总数的51.1%。见表3-13-7。由此可见,近半数的青岛青年平时上网进行网上购物或投资理财活动,具有网络理财意向,与许多传统城市的青年相比具有前瞻性。不过,也有略超半数的青岛青年平时不在网上进行购物或投资理财,但相比全国平均水平,青岛青年在购物方面的网络活动参与程度较高。

表3-13-7　平时上网是否进行网上购物或投资理财

	频率	百分比(%)
是	2 412	48.9
否	2 517	51.1
总计	4 930	100

7. 线上组织线下活动水平较低

绝大部分受访者平时上网不会组织一些线下活动。在被调查的有效样本中,受访者平时上网组织一些线下活动的为329人次,占受访者总数的6.7%;平时上网不组织线下活动的为4 602人次,占受访者总数的93.3%,见表3-13-8。由此可见,绝大部分青岛青年平时线上活动为主,线上活动不会转化到组织线下活动。这说明,青年群体线上生存和线下社会生活分界比较清楚。

表 3-13-8　平时上网是否进行一些线下活动

	频率	百分比（%）
是	329	6.7
否	4 602	93.3
总计	4 931	100

（四）青年群体网络沉溺程度的情况

网络沉溺或网络依赖是指没有一定的理由，无节制地花费大量时间和精力在各种网络活动中，以致影响生活质量、降低工作效率、损害身体健康，严重者则出现各种行为异常、人格障碍、交感神经功能部分失调等症状。网络沉溺或网络依赖程度高，则在一定意义上说明网络生存程度高。

1. 青年群体网络沉溺或网络依赖的程度较高

超过 20% 的受访者会因为上网忽略自己要做的事情。在被调查的有效样本中，因为上网经常忽略自己要做的事情的人数比例达到 22.9%。

具体而言，受访者几乎没有因为上网忽略自己要做的事的为 2 034 人次，占受访者总数的 41.2%；偶尔因为上网忽略自己要做的事的为 1 770 人次，占受访者总数的 35.9%；有时因为上网忽略自己要做的事的为 896 人次，占受访者总数的 18.2%；经常因为上网忽略自己要做的事的为 184 人次，占受访者总数的 3.7%；总是因为上网忽略自己要做的事的为 47 人次，占受访者总数的 1%。见表 3-13-9。由此可见，青岛青年群体的网络沉溺或网络依赖程度较低。

表 3-13-9　是否会因为上网忽略自己要做的事

	频率	百分比（%）
几乎没有	2 034	41.2
偶尔	1 770	35.9
有时	896	18.2
经常	184	3.7
总是	47	1.0
总计	4 933	100

2. 网络沉溺影响到青年群体的社会交往活动

虽然大部分受访者相比上网更倾向于和很亲密的朋友待在一起,但是仍有20.8%的受访者报告更有时或经常"更愿意上网而不是和亲密的朋友待在一起"。

具体而言,在被调查的有效样本中,受访者几乎没有更愿意上网而不是和亲密的朋友待在一起的为 2 576 人次,占受访者总数的 52.4%;偶尔更愿意上网而不是和亲密的朋友待在一起的为 1 318 人次,占受访者总数的 26.8%;有时更愿意上网而不是和亲密的朋友待在一起的为 796 人次,占受访者总数的16.2%;经常更愿意上网而不是和亲密的朋友待在一起的为 168 人次,占受访者总数的 3.4%;总是更愿意上网而不是和亲密的朋友待在一起的为 61 人次,占受访者总数的 1.2%。见表 3-13-10。由此可见,青岛青年群体对朋友观念比较重视,友人关系和谐,网络依赖或网络沉溺程度低。

表 3-13-10　更愿意上网而不是和亲密的朋友待在一起的情况

	频率	百分比(%)
几乎没有	2 576	52.4
偶尔	1 318	26.8
有时	796	16.2
经常	168	3.4
总是	61	1.2
总计	4 920	100

3. 网络沉溺影响到青年的情绪体验和生活满意

受访者有网络沉溺或网络依赖现象,一部分受访者无法上网会觉得生活空虚无聊、烦躁不安。在被调查的有效样本中,受访者几乎没有无法上网会觉得生活空虚无聊、烦躁不安的为 1 960 人次,占受访者总数的 39.8%;偶尔无法上网会觉得生活空虚无聊、烦躁不安的为 1 379 人次,占受访者总数的 28%;有时无法上网会觉得生活空虚无聊、烦躁不安的为 1 038 人次,占受访者总数的21.1%;经常无法上网会觉得生活空虚无聊、烦躁不安的为 411 人次,占受访者总数的 8.3%;总是无法上网会觉得生活空虚无聊、烦躁不安的为 133 人次,占受访者总数的 2.7%。见表 3-13-11。由此可见,青岛青年群体中存在相当比例的网络沉溺现象,这种现象影响到青年人的情绪体验和生活满意度。

表 3-13-11　无法上网会觉得生活空虚无聊、烦躁不安的情况

	频率	百分比(%)
几乎没有	1 960	39.8
偶尔	1 379	28.0
有时	1 038	21.1
经常	411	8.3
总是	133	2.7
总计	4 925	100

4.网络沉溺影响青年群体的睡眠质量

略高于一半的受访者几乎没有上网到深夜不去睡觉的情况,但接近一半的受访者存在因上网而深夜不睡觉的情况。在被调查的有效样本中,受访者几乎没有经常上网到深夜不去睡觉的为 2 525 人次,占受访者总数的 51.3%;偶尔经常上网到深夜不去睡觉的为 1 272 人次,占受访者总数的 25.8%;较为经常上网到深夜不去睡觉的为 687 人次,占受访者总数的 14%;经常上网到深夜不去睡觉的为 317 人次,占受访者总数的 6.4%;总是上网到深夜不去睡觉的为 116 人次,占受访者总数的 2.4%。见表 3-13-12。由此可知,虽然半数的青岛青年群体几乎没有因为依赖网络而影响到睡眠的状况,但近一半人中有此情况,可见青岛青年群体虽然网络沉溺或网络依赖程度不高,但确实有网络依赖或网络沉溺影响日常生活的现象。

表 3-13-12　上网到深夜不去睡觉的情况

	频率	百分比(%)
几乎没有	2 525	51.3
偶尔	1 272	25.8
有时	687	14.0
经常	317	6.4
总是	116	2.4
总计	4 921	100

附　录

一、青岛市青年发展状况综合调查（2017）

问卷编号：_____

尊敬的先生／女士：

　　您好！我们是青岛市青年发展状况调查（QYDS2017）项目组的社会调查员。我们正在进行的这项社会调查，目的是为了了解青岛市青年的发展状况，主要包括青年群体的职业状况、公民参与、婚姻恋爱、新媒体运用、身心健康状况、志愿服务等方面。您的合作对我们了解和研究本市青年的现状具有十分重要的意义。问卷中的答案没有对错之分，您只要如实作答即可。我们将按照《中华人民共和国统计法》的规定，对调查涉及的个人信息严格保密，保证调查数据使用合法。请您不要有任何顾虑，谢谢您的合作。

青年发展状况调查项目组

基本信息

A01. 个人信息及家庭背景(请填写相应的数字)

成员	a. 性别 1. 男 2. 女 3. [去世/不适用]	b. 出生日期	c. 政治面貌: 1. 中共党员 2. 共青团员 3. 民主党派 4. 群众 5. 其他(请注明)	d. 教育程度: 1. 未上学 2. 小学 3. 初中 4. 高中 5. 中专 6. 职高技校 7. 大学专科 8. 大学本科 9. 研究生	e. 婚姻状况: 1. 未婚 2. 初婚有配偶 3. 再婚有配偶 4. 离婚 5. 丧偶 6. 同居	f. 目前就业状况: 1. 全职务农 2. 非农就业 3. 兼业(农和非农) 4. 无业 5. 退休 6. 在校学生 7. 其他(请注明)	g. 调查时居住地: 1. 此村/居委会 2. 此乡(镇、街道)其他村居委会 3. 此县(区)其他乡(镇、街道) 4. 此省其他县(县级市、区) 5. 外省 6. 国外/境外	h. 这个居住地属于哪类地区: 1. 城区 2. 镇 3. 农村 4. 国外/境外	i. 户口性质: 1. 农业户口 2. 非农业户口 3. 居民户口(之前是非农业户口) 4. 居民户口(之前是农业户口) 5. 其他(请注明)
本人		＿年＿月＿日							
父亲		＿年＿月＿日							
母亲		＿年＿月＿日							

A02. 您的父母是否与您同吃同住,具体是何种情形?

　　吃住都在一起 ···················· 1

　　住在一起,但不一起吃 ·············· 2

　　吃在一起,但不住在一起 ············ 3

　　吃住都不在一起 ·················· 4

A03. 您的父母是否与您共同收支?

　　收支都在一起 ···················· 1

　　收支不在一起 ···················· 2

A04. 您目前的户口登记地是:

　　此乡(镇、街道)··················· 1

　　此县(县级市、区)其他乡(镇、街道) ····· 2

　　此省其他县(县级市、区)············3(跳答 A06)

　　外省 ·······················4(跳答 A06)

　　户口待定 ······················ 5

A05 您的户口是哪一年迁到此地的?

　　自最初实行现户籍制度／出生就是(跳答 A07)

　　是_____年迁来的

A06. 您来此地居住多长时间了?是哪一年来的?

　　半年以内 ······················ 1

　　半年以上,是_____年来的 ·········· 2

A07. 您来此(此区／县／县级市)居住的原因是:(单选)

　　出生在本地 ···················· 1

　　务工经商 ······················ 2

　　工作调动 ······················ 3

　　分配录用 ······················ 4

　　学习培训 ······················ 5

　　拆迁或搬家 ···················· 6

　　婚姻嫁娶 ······················ 7

　　随迁家属 ······················ 8

A08. 请问您目前从事的职业属于哪一类别？_____（学生跳答到 A10）

1. 国家机关、党群组织、企业、事业单位负责人；

2. 专业技术人员；

3. 办事人员和有关人员；

4. 商业工作人员；

5. 服务性工作人员；

6. 农、林、牧、渔、水利业生产人员；

7. 生产工人、运输工人和有关人员；

8. 警察及军人；

9. 不便分类人员。

A09. 您这份非农工作的单位属于什么行业？_____（学生跳答到 A10）

1. 农、林、牧、渔、水利业；

2. 手工业；

3. 采掘业；

4. 制造业；

5. 电力煤气及水的生产和供应业；

6. 建筑业；

7. 地质勘查、水利管理业；

8. 交通运输；

9. 仓储业；

10. 邮电通信业；

11. 批发和零售贸易；

12. 餐饮、住宿、娱乐业；

13. 信息、咨询服务业；

14. 房地产业；

15. 金融、证券、保险业；

16. 计算机服务业；

17. 社会服务业；

18. 医疗健康卫生业；

19. 体育事业；

20. 社会福利业；

21. 教育事业；

22. 新闻出版业；

23. 文化艺术业；

24. 广播电影电视业；

25. 科学研究和综合技术服务业；

26. 国家机关政党机关和社会团体、军队；

27. 其他行业。

A10. 今年以来,您平均每月有收入_____元,平均每月支出_____元。

A11. 您认为您本人的社会经济地位在本地大体属于哪个层次？

上 …………………………………………………………………… 1

中上 ………………………………………………………………… 2

中 …………………………………………………………………… 3

中下 ………………………………………………………………… 4

下 …………………………………………………………………… 5

A12. 您的宗教信仰是

基督教 ……………………………………………………………… 1

天主教 ……………………………………………………………… 2

伊斯兰教 …………………………………………………………… 3

道教 ………………………………………………………………… 4

佛教 ………………………………………………………………… 5

民间信仰 …………………………………………………………… 6

无宗教信仰 ………………………………………………………… 7

其他(请注明)_____ …………………………… 8

量表 1 身心健康状况

B01. 身高_____ cm   体重_____ kg

B02. 您对目前的身高体重及其比例感到满意吗？

满意 ·· 1

比较满意 ·· 2

一般 ·· 3

比较不满意 ·· 4

不满意 ·· 5

B03. 您参加体育锻炼吗？

总是参加 ·· 1

经常参加 ·· 2

有时参加 ·· 3

偶尔参加 ·· 4

从不参加 ···5 跳问 B05

B04. 您每次体育锻炼的时间是多长？

30 分钟以下 ·· 1

30～60 分钟 ·· 2

60 分钟以上 ·· 3

B05. 您每天的睡眠时间是多少？

```
A            B            C            D
|------------|------------|------------|
   5 小时      7 小时       9 小时
```

B06. 您有过失眠经历吗？

没有 ·· 1

偶尔 ·· 2

有时 ·· 3

经常 ·· 4

总是 ·· 5

B07. 您习惯晚上几点睡觉？

A   B   C   D
├─────────┼─────────┼─────────┤
      20 小时   22 小时   24 小时

B08. 您比较喜爱下列哪些食品？（多选）

蔬菜瓜果类 ·· 1

米饭等主食类 ··· 2

肉食类 ·· 3

零食类 ·· 4

其他 ·· 5

B9. 您吃早餐吗？

总是 ·· 1

经常 ·· 2

有时 ·· 3

偶尔 ·· 4

没有 ·· 5

B10. 您平时三餐吃快餐吗？

总是 ·· 1

经常 ·· 2

有时 ·· 3

偶尔 ·· 4

没有 ·· 5

B11. 您参加体检的频率？

一年两次或以上 ·· 1

一年一次 ··· 2

两年一次 ··· 3

很少体检 ··· 4

没有过 ··· 5

B12. 近一年内您患过几次感冒？

0 次……………………………………………………………… 1

1～2 次………………………………………………………… 2

3～5 次………………………………………………………… 3

6～8 次………………………………………………………… 4

8 次以上………………………………………………………… 5

B13. 您认为健康包括哪些方面？（可多选）

躯体健康………………………………………………………… 1

心理健康………………………………………………………… 2

社会适应良好…………………………………………………… 3

道德健康………………………………………………………… 4

其他……………………………………………………………… 5

B14. 您一般通过哪些渠道获取性知识？（可多选）

家庭……………………………………………………………… 1

学校……………………………………………………………… 2

同伴朋友………………………………………………………… 3

影视网络………………………………………………………… 4

书刊杂志………………………………………………………… 5

其他……………………………………………………………… 6

B15. 您认为哪些是艾滋病的传播途径？（可多选）

性传播…………………………………………………………… 1

唾液传播………………………………………………………… 2

空气传播………………………………………………………… 3

血液传播………………………………………………………… 4

母婴传播………………………………………………………… 5

B16. 您近半年内有过下列情况吗？

		从未	极少	偶尔	经常	每天
1	喝咖啡或浓茶					
2	吸烟					

（续表）

		从未	极少	偶尔	经常	每天
3	喝酒					
4	服用安眠药					
5	使用减肥药、减肥茶					
6	使用致幻剂(冰毒,摇头丸等)					
7	使用麻醉剂(吗啡、可待因、海洛因等)					

B17. 您近一周内有过下列情况吗?

		从无	轻度	中度	偏重	严重
1	恶心或肠胃不适					
2	担心自己的衣饰整齐或仪态端庄					
3	有自卑感					
4	有自杀的念头					
5	有恐惧感					
6	不能控制地大发脾气					
7	害怕乘电车、公共汽车、地铁或火车					
8	感到大多数人都不可信任					
9	听到旁人听不到的声音					
10	难以入睡					

B18. 您参加过心理健康课程、讲座或活动吗?

没有 ………………………………………………………………………… 1

偶尔 ………………………………………………………………………… 2

有时 ………………………………………………………………………… 3

经常 ………………………………………………………………………… 4

总是 ………………………………………………………………………… 5

B19. 有没有必要参加心理健康有关的学习与活动?

非常必要 …………………………………………………………………… 1

比较重要 …………………………………………………………………… 2

一般 ………………………………………………………………………… 3

不太有必要 ··· 4

完全不需要 ··· 5

量表 2　职业认同与发展

C01. 您同意下列说法吗？（学生不作答）

		完全不同意	不太同意	一般	比较同意	完全同意
1	在单位中有较大的晋升空间					
2	单位有较完善的制度体系					
3	单位具有较好的发展前景					
4	单位的成功也是您的成功					
5	您能够感觉到单位对您生活上的关心					
6	在单位里可以得到同事的支持					
7	领导是个容易亲近的人					
8	单位同事关系很融洽					

C02. 您认为自己在未来 6 个月内换工作的可能性有多大？（学生不作答）

完全有可能 ··· 1

有可能 ··· 2

一般 ··· 3

不太可能 ··· 4

完全不可能 ··· 5

C03. 请您对当前公务员以下情况按照 1～5 分,从低到高打分:

		低 → 高				
1	社会地位	1	2	3	4	5
2	收入福利水平	1	2	3	4	5
3	工作环境	1	2	3	4	5
4	发展机会	1	2	3	4	5
5	工作强度	1	2	3	4	5

（续表）

		低 ━━━━━━━━━━━━━━━━━━▶ 高				
6	整体道德意识	1	2	3	4	5
7	服务意识	1	2	3	4	5

C04. 您找工作中首要考虑的因素是（最多选 3 项）

工资待遇 ·· 1

住房条件 ·· 2

城市印象 ·· 3

老乡关系 ·· 4

行业类型 ·· 5

培训机会 ·· 6

发展机会 ·· 7

量表 3　公民意识

D01. 您是否同意下列说法？（每行单选）

		完全不同意	不太同意	一般	比较同意	非常同意
1	我为国家取得的成就而感到自豪					
2	我了解公民的基本权利与基本义务					
3	我的合法权益若受到政府机关侵犯，我会用法律维护权益					
4	我的生活离不开海洋					
5	海洋领土是我国领土的一部分					
6	当前海洋环境问题日益严重					
7	需要大力开展海洋教育					
8	发展海洋事业才能强大国家					

D02. 您觉得现在的税负情况如何？

很重 ··· 1

较重 ··· 2

正常 ··· 3

偏低 ·· 4

不清楚 ·· 5

D03. 当您的合法权益受到侵害时，您会怎么办？

通过法律途径解决问题 ···················· 1

忍气吞声 ·· 2

用武力解决 ····································· 3

其他途径 ·· 4

D04. 您觉得法律能够维护您的切身利益吗？

能，我对法律有信心 ························ 1

不能 ·· 2

不确定 ··· 3

D05. 您是否认为打官司是件丢人的事？

很不同意 ·· 1

不太同意 ·· 2

比较同意 ·· 3

非常同意 ·· 4

D06. 总体来说，您对今后5～10年我国反腐取得明显成效是否有信心？

很有信心 ·· 1

较有信心 ·· 2

较没信心 ·· 3

很没有信心 ····································· 4

D07. 您是否同意下列观点？

		很不同意	不太同意	一般	比较同意	完全同意
1	自由就是政府不能干预私生活					
2	谁都不能剥夺我对公共事务的发言权					
3	自由就是在不侵害别人的前提下，可以按照自己的意愿做事					
4	信不信仰宗教是个人的自由					

D08. 您是否同意下列观点？

		很不同意	不太同意	一般	比较同意	完全同意
1	富裕的人能让子女比其他人获得更好的教育					
2	有钱有势的人会享有一定的特殊待遇					
3	现在有的人挣的钱多,有的人挣的少,但这是公平的					
4	应该从有钱人那里征收更多的税来帮助穷人					
5	有学问和有能力的人,应该享有比一般人更多的发言权					

D09. 您对钓鱼岛问题的了解程度如何？

非常清楚 ………………………………………………… 1

比较了解 ………………………………………………… 2

一般 ……………………………………………………… 3

不太了解 ………………………………………………… 4

完全不清楚 ……………………………………………… 5

D10. 您周围人在使用自来水时会怎样？

一般随便用,不节约 …………………………………… 1

比较节约 ………………………………………………… 2

非常节约 ………………………………………………… 3

不确定 …………………………………………………… 4

D11. 您近一年内是否有闯红灯经历？

没有 ……………………………………………………… 1

很少 ……………………………………………………… 2

偶尔 ……………………………………………………… 3

经常 ……………………………………………………… 4

D12. 最近三年您参加下列事情的频率如何？（每行单选）

		没有	偶尔	有时	经常	总是
1	与周围人讨论政治问题					
2	在互联网上就政治问题发表观点					
3	向报刊、电台等反映意见					
4	向政府部门反映意见					
5	到政府部门上访					
6	参加居委会/村委会选举					
7	参与示威游行					
8	参与罢工、罢市、罢课等行动					

D13. 请您为下列事件的危害性与近期发生可能性有多大？

风险事件	危害极小危害极大					不可能发生随时可能发生				
台风	1	2	3	4	5	1	2	3	4	5
交通事故	1	2	3	4	5	1	2	3	4	5
生产安全事故	1	2	3	4	5	1	2	3	4	5
核泄漏	1	2	3	4	5	1	2	3	4	5
海洋环境污染	1	2	3	4	5	1	2	3	4	5
食品安全事件	1	2	3	4	5	1	2	3	4	5
不明传染病	1	2	3	4	5	1	2	3	4	5
能源短缺	1	2	3	4	5	1	2	3	4	5
恶性犯罪	1	2	3	4	5	1	2	3	4	5
恐怖袭击	1	2	3	4	5	1	2	3	4	5
经济动荡	1	2	3	4	5	1	2	3	4	5
房价持续上涨	1	2	3	4	5	1	2	3	4	5
看病越来越难	1	2	3	4	5	1	2	3	4	5
贫富差距加大	1	2	3	4	5	1	2	3	4	5
社会动乱	1	2	3	4	5	1	2	3	4	5

量表 4　人际关系与社会适应

E01. 您的居住方式是：

与父母住在一起 ·· 1

居住在亲属、朋友家中 ··· 2

已拥有自己的住房 ·· 3

自己独租 ··· 4

2～3 人合租 ·· 5

4 人以上合租 ··· 6

E02. 请用 1～5 分，来表达您对以下项目的满意程度，1 分表示非常不满意，5 分表示非常满意。（每行单选）

		非常不满意 ──────▶ 非常满意				
1	您的教育程度	1	2	3	4	5
2	您的社交活动	1	2	3	4	5
3	您的休闲/娱乐/文化活动	1	2	3	4	5
4	您的家庭关系	1	2	3	4	5
5	您的家庭经济状况	1	2	3	4	5
6	您的居住地的环境状况	1	2	3	4	5
7	总体来说，您对生活的满意度	1	2	3	4	5

E03. 请用 1～5 分，来表达您对现在的社会保障状况的评价，1 分表示非常不满意，5 分表示非常满意。

		非常不满意 ──────▶ 非常满意				
1	养老保障	1	2	3	4	5
2	医疗保障	1	2	3	4	5
3	就业保障	1	2	3	4	5
4	城乡最低生活保障	1	2	3	4	5
5	政府提供的经济适用房、公租房、廉租房等基本住房保障	1	2	3	4	5
6	总体来说，社会保障状况	1	2	3	4	5

E04. 请为以下人际关系状况打分,满分 10 分。

		非常不满意 ———— 非常满意				
1	与领导关系	1	2	3	4	5
2	与同事关系	1	2	3	4	5
3	与朋友关系	1	2	3	4	5
4	与邻居关系	1	2	3	4	5
5	与家人关系	1	2	3	4	5

E05. 您认为现在社会上在下列方面存在的歧视是否严重？（每行单选）

		不严重 ———— 非常严重				
1	年龄	1	2	3	4	5
2	性别	1	2	3	4	5
3	教育程度	1	2	3	4	5
4	种族/民族	1	2	3	4	5
5	户口	1	2	3	4	5
6	家庭背景	1	2	3	4	5

量表 5　社会参与及竞争状况

F01. 过去半年您参加过社区内哪些活动？（可多选）

社区政治活动(如选举) ··· 1

社区文化娱乐活动 ·· 2

社区管理活动 ·· 3

社区公益活动 ·· 4

社区宣传教育活动 ·· 5

均未参加 ·· 6（跳答 F03）

F02. 过去半年你参与社区活动的频率如何？

经常参加 ·· 1

偶尔参加 ·· 2

很少参加 ·· 3

从未参加 ·· 4

F03. 您认为不参与社区活动的原因是什么？（可多选）

没有时间 ……………………………………………………………… 1

影响工作、学习或生活 ……………………………………………… 2

没有兴趣 ……………………………………………………………… 3

活动本身无吸引力 …………………………………………………… 4

其他 …………………………………………………………………… 5

F04. 过去半年内您是否参加过以下活动？

		是	否
1	参政议政活动		
2	国际民间交往活动		

F05. 过去半年内您参与政党活动的频率为？

经常 …………………………………………………………………… 1

偶尔 …………………………………………………………………… 2

很少 …………………………………………………………………… 3

从未 …………………………………………………………………… 4

F06. 过去半年内您参与社会组织活动的情况如何？

经常 …………………………………………………………………… 1

偶尔 …………………………………………………………………… 2

很少 …………………………………………………………………… 3

从未 …………………………………………………………………… 4

F07. 过去半年内您参与志愿活动的频率如何？

经常 …………………………………………………………………… 1

偶尔 …………………………………………………………………… 2

很少 …………………………………………………………………… 3

从未 ………………………………………………………… 4（跳答至 F11）

F08. 您提供志愿服务的类型（多选题）

体能型服务（如打扫卫生、扶老携幼、运送物资、发放资料等）………… 1

技能型服务（如维修电器、义务理发、科普宣传讲座等）………… 2

智能型服务(如公益研究、培训授课、专业咨询等)⋯⋯⋯⋯⋯ 3

其他(请注明)_____ ⋯⋯⋯⋯⋯⋯⋯⋯⋯⋯ 4

F09. 您参加志愿服务的途径是什么?(多选题)

亲戚/朋友、熟人/同事介绍 ⋯⋯⋯⋯⋯⋯⋯⋯⋯⋯⋯ 1

单位(或学校)要求或统一安排 ⋯⋯⋯⋯⋯⋯⋯⋯⋯⋯ 2

广播、报纸、电视等传统媒体的渠道 ⋯⋯⋯⋯⋯⋯⋯⋯ 3

互联网络、微信、微博等新媒体 ⋯⋯⋯⋯⋯⋯⋯⋯⋯⋯ 4

本社区居委会的通知 ⋯⋯⋯⋯⋯⋯⋯⋯⋯⋯⋯⋯⋯⋯ 5

自己主动寻找 ⋯⋯⋯⋯⋯⋯⋯⋯⋯⋯⋯⋯⋯⋯⋯⋯ 6

其他(请注明)_____ ⋯⋯⋯⋯⋯⋯⋯⋯ 7

F10. 您都以什么身份参与志愿活动?(可多选)

组织者 ⋯⋯⋯⋯⋯⋯⋯⋯⋯⋯⋯⋯⋯⋯⋯⋯⋯⋯⋯ 1

参与者 ⋯⋯⋯⋯⋯⋯⋯⋯⋯⋯⋯⋯⋯⋯⋯⋯⋯⋯⋯ 2

旁观者 ⋯⋯⋯⋯⋯⋯⋯⋯⋯⋯⋯⋯⋯⋯⋯⋯⋯⋯⋯ 3

F11. 您如果不参与志愿活动,原因是什么?(可多选)

没有时间 ⋯⋯⋯⋯⋯⋯⋯⋯⋯⋯⋯⋯⋯⋯⋯⋯⋯⋯ 1

影响工作、学习或生活 ⋯⋯⋯⋯⋯⋯⋯⋯⋯⋯⋯⋯⋯ 2

没有兴趣 ⋯⋯⋯⋯⋯⋯⋯⋯⋯⋯⋯⋯⋯⋯⋯⋯⋯⋯ 3

活动本身无吸引力 ⋯⋯⋯⋯⋯⋯⋯⋯⋯⋯⋯⋯⋯⋯ 4

其他 ⋯⋯⋯⋯⋯⋯⋯⋯⋯⋯⋯⋯⋯⋯⋯⋯⋯⋯⋯⋯ 5

量表6 工作家庭关系状况

G01. 工作时间(学生跳答 G05)

1. 目前这份工作您从事了多长时间? _____年_____月

2. 过去 1 个月,您平均每周工作_____时;平均每周加班_____小时,

3. 半年来,您是否从事兼职工作?

是( ),兼职工作平均每周工作_____小时。

否( )

G02. 您的工作是否影响了您的家庭生活？

非常严重 ·· 1

严重影响 ·· 2

比较严重 ·· 3

不太严重 ·· 4

G03 您认为,您对下列观点持何种态度？

	完全 不同意	不太 同意	不确定	比较 确定	非常 同意
我会把工作带回家做					
工作要求使我难以在家总处于放松状态					
工作让家人觉得我是积极乐观的人					
家人的理解和支持让我工作更有动力					
家人不喜欢我在家中还总是忙于工作					

G04. 过去半年,您多久见父母一次？（父母离世者跳答至 G08）

几乎每天 ·· 1

经常 ·· 2

偶尔 ·· 3

很少 ·· 4

G05. 您认为您与父母相处的时间长短？

几乎没有 ·· 1

时间较少 ·· 2

一般 ·· 3

经常 ·· 4

非常多 ·· 5

G06. 当您遇到烦恼时,一般向谁诉说？（选择最主要的倾诉对象）

父母 ·· 1

兄弟姐妹 ·· 2

家里其他人 ·· 3

老师 ·· 4

同学 ·· 5

同事 ·· 6

朋友 ·· 7

网友 ·· 8

心理辅导人员 ·· 9

从不向他人诉说 ··· 10

其他(请注明)＿＿＿＿＿＿＿＿＿

G07. 一般情况下,您每周花费在以下活动上的时间?

每周家务劳动＿＿＿＿小时。

每周和家人一起吃晚餐(包括外出就餐)＿＿＿＿天。

量表 7　自我评价量表

H01. 请按照您的真实情况来描述您自己。(请在符合的一项上打√)

		很不符合	不符合	符合	非常符合
1	我感到我是一个有价值的人				
2	我感到我有许多好的品质				
3	我对自己持肯定态度				
4	总的来说,我对自己是满意的				

H02. 您对下列观点的看法如何?(请在符合的一项上打√)

		完全不同意	不太同意	一般	比较同意	非常同意
1	遗传对一个人的个性起主要的决定作用					
2	运气非常重要					
3	取得成功是要付出艰苦努力的					
4	我有能力应付意料之外的情况					
5	付出努力,我一定能解决大多数的难题					

量表 8　生活质量量表

I01. 在过去 12 个月中，您或您家庭遇到下列哪些生活方面的问题？（可多选）

住房条件差，建 / 买不起房 ································· 1

子女教育费用高，难以承受 ··························· 2

子女管教困难，十分累心 ····························· 3

家庭关系不和（如离婚、分居、婆媳关系不好等）·········· 4

医疗支出大，难以承受 ······························· 5

物价上涨，影响生活水平 ····························· 6

家庭收入低，日常生活困难 ··························· 7

家人无业、失业或工作不稳定 ························· 8

赡养老人负担过重 ··································· 9

工作负担过重，吃不消 ······························· 10

家庭人情支出大，难以承受 ··························· 11

遇到受骗、失窃、被抢劫等犯罪事件 ··················· 12

投资失利（如股票、债务、房产等）或生意失败 ··········· 13

没有这些生活方面的问题 ····························· 14

I02. 您同意下列说法吗？（请在符合的选项上打√）

	您的感受	非常 不同意	不太 同意	一般	比较 同意	非常 同意
1	我经常感到生活负担很重，压力很大					
2	我经常会感到寂寞无助					
3	自己有达到既定目标的能力和毅力					
4	对未来持积极态度					
5	遇到挫折和困难能快速恢复					
6	总的来说，我是一个幸福的人					

I03. 您使用网络频率如何？（单选）

每天都用 ··· 1

经常使用 ··· 2

很少使用 ··· 3

几乎不用 ··· 4

不会上网 ··· 5

I04. 您平时上网进行哪些活动？（可多选）

了解新闻和各类信息查找资料 ································ 1

使用微博（微信）等聊天交友 ································ 2

在论坛、微博（微信）、博客等发表自己的一些看法评论 ·········· 3

玩网络游戏 ··· 4

网上购物／投资理财 ·· 5

组织一些线下活动 ·· 6

其他 ·· 7

I05. 请按照您真实情况选择。（请在符合的选项上打√）

		几乎没有	偶尔	有时	经常	总是
1	我会因为上网忽略自己要做的事					
2	我更愿意上网而不是和亲密的朋友待在一起					
3	无法上网我会觉得生活空虚无聊、烦躁不安					
4	经常上网到深夜不去睡觉					

I06. 请评价一下您的生活水平。（请在符合的选项上打√）

		上升很多	略有上升	没变化	略有下降	下降很多
1	与 5 年前相比，我目前的生活水平					
2	在未来的 5 年，我的生活水平将会					

I07. 过去 6 个月内你收看国内国际新闻频率如何？

经常 ··· 1

偶尔 ··· 2

很少 ··· 3

从未 ··· 4

I08. 过去 6 个月内你利用媒体参与社会话题频率如何？

经常 ··· 1

偶尔 ·· 2

很少 ·· 3

从未 ·· 4

量表9　休闲与消费

J01. 您每周休息_____天。

J02. 您闲暇时都做什么？（多选）

1. 唱歌；2. 聚餐；3. 读书；4. 听讲座；5. 绘画；6. 摄影；7. 体育运动；8. 外出旅游；9. 其他（请注明）_____

J03. 您购买商品时最看重的是什么？（单选）

价格 ·· 1

质量 ·· 2

品牌 ·· 3

喜好 ·· 4

其他，请注明_____ ······································ 5

J04. 您日常的消费方式有哪些？（多选）

实体店购物 ·· 1

网购 ·· 2

电视购物 ··· 3

电话购物 ··· 4

上门推销 ··· 5

J05. 您日常开销主要用在哪些方面？（多选）

恋爱 ·· 1

外出娱乐 ··· 2

日常用品 ··· 3

人情世事 ··· 4

教育支出 ··· 5

其他（请注明）_____ ······································ 6

量表 10　社会信任与社会支持

K01. 您对下列社会组织信任吗？（请在符合的选项上打√）

		非常信任	比较信任	一般	不太信任	完全不信任
1	各级党政部门及群团组织					
2	居委会或村委会					
3	工作单位					
4	宗教组织					
5	医疗机构					
6	公益组织					
7	新闻媒体					

K02. 您信任下列人员吗？（请在符合的选项上打√）

		非常信任	比较信任	一般	不太信任	完全不信任
1	亲戚朋友					
2	邻居					
3	单位领导/上司或老板					
4	警察					
5	法官					
6	党政领导干部					
7	党政机关办事人员					
8	企业家					
9	教师					
10	医生					
11	陌生人					

K03. 您有多少关系密切、可以得到支持和帮助的朋友？＿＿＿＿＿＿＿＿

K04. 您与邻居的关系如何？

相互之间从不关心，只是点头之交 ……………………………… 1

遇到困难可能稍微关心 …………………………………………… 2

有些邻居很关心您 ·· 3

大多数邻居都很关心您 ·· 4

K05. 您与同事/同学的关系如何？

相互之间从不关心，只是点头之交 ····················· 1

遇到困难可能稍微关心 ·· 2

有些同事（同学）关心您 ·· 3

大多数同事都很关心您 ·· 4

K06. 您过去 1 个月与同事朋友聚会的次数是多少？

1 次以下 ··· 1

2～3 次 ·· 2

3 次以上 ·· 3

K07. 过去，在您遇到危急或困难情况时曾经得到的支持和帮助都来自哪里？

（1）无任何来源

（2）下列来源（可选多项，在字母处打√）

    A. 家人；B. 亲戚；C. 朋友；D. 同事；E. 工作单位；F. 政府；

    G. 宗教、社会团体等非官方组织；H. 其他（请注明）_____

K08. 家庭成员对您的支持和照顾的情况。（请在符合的选项上打√）

	无	很少	一般	较多支持	全力支持
A. 夫妻（恋人）					
B. 父母					
C. 儿女					
D. 兄弟姐妹					
E. 其他成员（如嫂子）					

K09. 您遇到烦恼时的求助方式是什么？

只靠自己，不接受别人帮助 ····························· 1

很少请求别人帮助 ·· 2

有时请求别人帮助 ·· 3

有困难时经常向家人、亲友、组织求援 ··············· 4

问卷到此结束，非常感谢您的合作，祝您生活愉快！

二、访谈记录

【此部分由调查员填写】

调查地点:

    省/自治区/直辖市名称:<u>山东省</u>

    市+区县名称:<u>青岛市区/市</u>

    抽样单元(SSU)名称:_____

L1. 受访者配合得:(单选)

很好 ………………………………………………… 1

比较好 ……………………………………………… 2

一般 ………………………………………………… 3

不好 ………………………………………………… 4

很不好 ……………………………………………… 5

L2. 被调查回答问题的态度:(单选)

态度积极,并愿意发表评论 ………………………… 1

比较积极 …………………………………………… 2

一般 ………………………………………………… 3

不太积极 …………………………………………… 4

态度消极 …………………………………………… 5

L3: 受访者回答问题的可信程度:(单选)

完全可信 …………………………………………… 1

一般说可信 ………………………………………… 2

有时看起来不可信 ………………………………… 3

L4:如果问卷没有答完,请解释为什么?

_____

_____

_____

L5：如果受访者中途退出，他／她的理由是什么？

_____

_____

_____

联络人（签名）_____　　电话：_____

访问员（签名）_____　　代码：_____

复核（签名）_____　　记录时间___月___日___时___分